AF391415

OBSERVATIONS

SUR

NOTRE INSTINCT

POUR LA MUSIQUE,

ET SUR SON PRINCIPE;

*Où les moyens de reconnoître l'un par l'autre,
conduisent à pouvoir se rendre raison avec
certitude des différens effets de cet Art.*

Par Monsieur RAMEAU.

A PARIS,

Chez { PRAULT Fils, Quai de Conti, à la Charité.
LAMBERT, rue de la Comédie Françoise, au Parnasse.
DUCHESNE, rue S. Jacques, au Temple du Goût.

M. DCC. LIV.

AVEC PRIVILEGE ET APPROBATION.

PRÉFACE.

POUR joüir pleinement des effets de la Muſique , il faut être dans un pur abandon de ſoi-même, & pour en juger , c'eſt au Principe par lequel on eſt affecté qu'il faut s'en rapporter. Ce Principe eſt la Nature même, c'eſt d'elle que nous tenons ce ſentiment qui nous meut dans toutes nos Opérations muſicales , elle nous en a fait un don qu'on peut appeller *Inſtinct* : conſultons-la donc dans nos jugemens, voyons comment elle nous développe ſes myſtéres avant que de prononcer : & s'il ſe trouve encore des hommes aſſez pleins d'eux-mêmes pour oſer en décider de leur propre autorité, il y a lieu d'eſpérer qu'il ne s'en trouvera plus d'aſſez foibles pour les écouter.

Un eſprit préoccupé, en entendant de la Muſique, n'eſt jamais dans une ſituation aſſez libre pour en juger. Si dans ſon opinion, par éxemple, il attache la beauté eſſentielle de cet Art aux paſſages du

grave à l'aigu, du doux au fort,
du vif au lent, moyens dont on
fe fert pour varier les bruits, il
jugera de tout d'après cette prévention, fans réflèchir fur la
foibleffe de ces moyens, fur le
peu de mérite qu'il y a à les
employer, & fans s'appercevoir
qu'ils font étrangers à l'Harmonie, qui eft l'unique baze de la
Mufique, & le principe de fes
plus grands effets.

Qu'une ame vraiment fenfible juge bien différemment !
Si elle n'eft pénétrée par la force de l'expreffion, par ces pein-
tures vives dont l'Harmonie eft

feule capable , elle n'eſt point abſolument ſatisfaite : non qu'elle ne ſçache ſe prêter à tout ce qui peut l'amuſer; mais du moins n'apprécie-t'elle les choſes qu'à proportion des effets qu'elle en éprouve.

C'eſt à l'Harmonie ſeulement qu'il appartient de remuer les paſſions, la Mélodie ne tire ſa force que de cette ſource, dont elle émane directement : & quant aux différences du grave à l'aigu, &c. qui ne ſont que des modifications ſuperficielles de la Mélodie, elles n'y ajoûtent pour lors

presque rien, comme on le dé-
montre dans le cours de l'Ouvrage par des exemples frap-
pans, où le principe se vérifie
par notre Instinct, & cet Instinct par son principe, c'est-à-
dire, où la cause se vérifie par
l'effet qu'on éprouve, & cet
effet par sa cause.

Si l'imitation des bruits & des
mouvemens n'est pas aussi fré-
quemment employée dans notre Musique que dans l'Italienne, c'est que l'objet dominant
de la nôtre est le sentiment,
qui n'a point de mouvemens
déterminés, & qui par consé-

quent ne peut être afservi par tout à une mesure réguliére, fans perdre de cette vérité qui en fait le charme. L'expreffion du Phyfique eft dans la mesure & le mouvement, celle du Pathétique, au contraire, eft dans l'Harmonie & les inflè-xions : ce qu'il faut bien pefer avant que de décider fur ce qui doit emporter la balance.

Le genre Comique n'ayant prefque jamais le fentiment pour objet, il eft par confé-quent le feul qui foit conftam-ment fufceptible de ces mouve-mens cadencés dont on fait

honneur à la Muſique Italienne, ſans s'appercevoir cependant que nos Muſiciens les ont
aſſez heureuſement employés
dans le petit nombre d'Eſſais
que la délicateſſe du goût François leur a permis de riſquer :
Eſſais où l'on a prouvé, en ſe
joüant, combien il nous étoit
facile d'exceller dans ce genre. (*a*)

On peut regarder ce petit
Ouvrage comme le réſultat de
tous ceux que j'ai donnés ſur

(*a*) Les *Troqueurs* repréſentés aux Foires
dernieres de S. Laurent & de S. Germain, & la
Coquette Trompée repréſentée à Fontainebleau
en 1753.

le même sujet : & j'espére qu'on voudra bien me passer, en ce cas , quelques répétitions nécessaires à l'intelligence de ce qui s'y trouve lié de nouveau. Si je me suis un peu étendu sur certains articles qui n'intéresseront peut - être pas également tous les Lecteurs, quelques Auteurs, du moins, pourront y reconnoître en quoi ils ont pû se tromper.

Pendant que je travaillois à cet Ouvrage , où je n'avois d'abord en vuë que notre Instinct pour la Musique & son Principe, il a paru plusieurs

Ecrits fur la Théorie de l'Art ,
(*b*) auxquels j'ai cru ne pouvoir mieux répondre qu'en profitant de mes premieres idées pour mettre chacun en état , non-feulement de juger par foi-même , mais de pouvoir fe rendre raifon des différens effets de l'Harmonie , fans qu'il en coute beaucoup à l'efprit ni à la mémoire.

Il ne s'agit effectivement , pour parvenir à des connoiffances qui ont pû paroître jufqu'à préfent comme prefque impénétrables , que de s'atta-

_____

(*b*) Peut-être que les Auteurs de ces Ecrits me fçauront bon gré de ne les point nommer.

cher uniquement aux produits
du Corps fonore , produits qui
fe diftinguent en deux genres,
genres qui fe reconnoiffent
par le rang qu'occupent ces
mêmes produits dans l'ordre
de la génération , rang qui,
de fon côté , fe reconnoît par
deux termes de l'Art très-figni-
ficatifs d'ailleurs , fçavoir la
Dominante , *Quinte* au deffus,
& la *Soudominante* , *Quinte* au
deffous : l'une indiquant que
la Voix doit s'élever , l'autre
qu'elle doit s'abaiffer : l'une
étant toujours fecondée d'un
nouveau *Diéze* ou *Béquare* ,
l'autre d'un nouveau *Bémol* ,

l'une ayant généralement la force, la joye en partage, l'autre la foiblesse, la douceur, la tendresse, la tristesse : l'une & l'autre, enfin, nous servant le plus souvent d'interprétes dans nos expressions, lors, par exemple, que nous citons le *Diéze*, le *Béquarc* en signe de force, de vigueur, & que nous élevons la Voix en pareil cas, & lorsque nous la baissons & citons le *Bémol* en signe de molesse, de foiblesse : si bien que le tout considéré avec un peu de réflèxion se réduit à la plus grande simplicité.

Les Exemples contenus dans

mes Obſervations confirment la vérité des préceptes que je donne pour arriver à la connoiſſance des cauſes, & vont juſqu'à juſtifier le goût de la Nation ſur les Ouvrages de Muſique auxquels elle a accordé ſon ſuffrage.

Pour donner à ces préceptes toute la force néceſſaire, il m'a fallu prouver l'Inſtinct par ſon Principe, & ce Principe par le même Inſtinct : ils ſont, l'un & l'autre, l'ouvrage de la Nature : ne l'abandonnons donc plus, cette mere des Sciences & des Arts, éxaminons-la bien, & tâchons

déformais de ne plus nous laif-
conduire que par elle.

Le Principe dont il s'agit,
eft non-feulement celui de tous
les Arts de goût, comme le
confirme déja un *Traité du
Beau effentiel dans les Arts,
appliqué principalement à l'Ar-
chitecture*, (c) il l'eft encore de
toutes les Sciences foumifes au
calcul : ce qu'on ne peut nier,
fans nier en même tems que ces
Sciences ne foient fondées fur
les proportions & progreffions,
dont la Nature nous fait part
dans le Phénoméne du Corps
fonore, avec des circonftances

(c) Par M. Brifeux.

fi marquées, qu'il eft impoffib-
le de fe refufer à l'évidence :
& comment le nier ! puifque
point de proportions, point de
Géométrie.

Toute Hypothèfe, tout Syf-
tême arbitraire doit difparoître
auprès d'un pareil Principe, on
ne doit pas même fe flater d'en
découvrir jamais un auffi lumi-
neux : fi l'on y trouve déja le
germe de tous les Elémens de
Géométrie, de toutes les régles
de la Mufique & de l'Architec-
ture, que n'en peut - on pas
attendre en le fondant plus fcru-
puleufement encore qu'on ne
l'a fait ?   OBSER-

OBSERVATIONS

SUR

NOTRE INSTINCT

POUR LA MUSIQUE,

ET SUR SON PRINCIPE.

LA MUSIQUE nous est naturelle, nous ne devons qu'au pur Instinct le sentiment agréable qu'elle nous fait éprouver : ce même instinct agit en nous à l'occasion de plusieurs autres objets qui peuvent bien avoir quelques rapports avec la Musique, c'est pourquoi il ne

A

doit pas être indifférent aux perfonnes qui cultivent les fciences
& les arts , de connoître le principe d’un pareil Inftinct.

Ce principe eft maintenant
connu : il exifte , comme on ne
peut l’ignorer , dans l’Harmonie
qui réfulte de la Réfonance de
tout Corps fonore , tel qu’un
Son de notre voix, d’une corde,
d’un tuyau , d’une cloche , &c.
& pour s’en convaincre encore
davantage, il ne faut que s’éxaminer foi-même dans tous les pas
qu’on fait en Mufique.

Par exemple , l’homme fans
expérience en Mufique, de même
que le plus expérimenté, prend
ordinairement dans le milieu de

ſa voix le premier Son qu'il entonne, dès qu'il chante de fan-
taiſie, & monte toujours enſuite,
quoique l'étendue de ſa voix ſoit
preſque égale au deſſous comme
au deſſus de ce premier Son : ce
qui eſt abſolument conforme à la
réſonance du Corps ſonore ,
dont tous les Sons qui en éma-
nent ſont au-deſſus de celui de ſa
totalité, qu'on croit entendre ſeul.

D'un autre côté, pour peu d'expérience qu'on ait, on ne manque
guères, lorſqu'on veut préluder de
ſoi-même , d'entonner de ſuite,
toujours en montant , l'accord
parfait compoſé de l'harmonie du
Corps ſonore, dont le genre, qui
eſt *Majeur*, eſt toujours préféré

A ij

au *Mineur*, à-moins que celui-ci ne foit fuggéré par quelques réminifcences.

Si l'on entonne ordinairement la *Tierce* la premiere dans l'accord parfait, en montant, quoique le Corps fonore ne la donne qu'à la double *Octave* qui eft la 17ᵉ, & cela au-deffus de l'*Octave* de la *Quinte* qui eft fa 12ᵉ ; c'eft que nous réduifons naturellement tous les intervalles à leurs moindres degrés, parce que l'oreille les apprécie plus promptement, & que la voix y arrive plus aifément ; (*a*) mais il n'en fera pas de même d'un homme fans expé-

(*a*) Voyez ma Réponfe à **M.** Euler fur l'identité des Octaves, pag. 13.

rience, qui n'aura jamais entendu de Mufique, ou qui ne l'aura point écoutée ; car il y a différence entre entendre & écouter. Si cet homme entonne un Son un peu grave, bien net & bien diftinct, & qu'il laiffe aller enfuite fa voix avec promptitude, fans être préoccupé d'aucun objet, pas même de l'intervalle qu'il voudra franchir, l'opération devant être purement machinale, il entonnera certainement la *Quinte* la premiére, préférablement à tout autre intervalle; felon l'expérience que nous en avons faite plus d'une fois. (*b*)

(*b*) Le R. P. Caftel a parlé de cette expérience dans le Journal de Trévoux.

A iij

On sçait affez que la *Quinte* eft la plus parfaite de toutes les confonances : la fuite de ces Obfervations ne fervira qu'à le confirmer.

Les moindres degrés naturels, appellés *Diatoniques*, ceux, en un mot, de la game *ut ré mi fa*, &c. ne font fuggérés qu'à la faveur des confonances auxquelles ils paffent, & qu'ils forment en fe fuccédant ; de forte que ces confonances fe préfenteront toujours les premiéres à toute perfonne fans expérience. Au refte, dès qu'on voudra fuivre l'ordre de ces moindres degrés, fans le fecours d'aucune réminifcence, on montera toujours d'un *ton*, & l'on

defcendra d'un *demi-ton*, fur-
tout dès qu'on voudra retourner
incontinent après au premier Son
d'où l'on fera parti : par exemple,
fi l'on appelle *ut* ce premier Son
qui repréfente un Corps fonore,
fa *Quinte fol*, (*c*) qui réfonne avec
lui, s'emparera fur le champ de
l'oreille, & voulant paffer d'*ut* à
fon degré le plus voifin, ce *fol* fe
préfentera pour lors comme nouveau Corps fonore avec toute
fon harmonie, qui confifte dans
fa *Tierce majeure fi* & dans fa *Quinte*
ré, de forte qu'on fera forcé par là
de monter d'un *ton* d'*ut* à *ré*, & de
defcendre d'un *demi-ton* d'*ut* à *fi*.

(*c*) On dit *Quinte* au lieu de 12e, & *Tierce*
au lieu de 17e à caufe de leur identité ou æqui-
fonance, qu'occafionne l'Octave.

A iiij

D'un autre côté, après le *ton* en montant, on fera naturellement porté à en entonner un autre : le *demi-ton* ne s'y préfentera que par réminifcence, parce que les deux *tons* forment la *Tierce majeure* qui réfonne dans le Corps fonore, au lieu que le *ton* & demi ne forme qu'une *Tierce mineure* qui n'y réfonne point ; mais aufli, après ces deux *tons*, on fe fentira forcé d'en entonner un demi, pour pafler à la *Quarte*, le troifieme *ton* qui s'y refufe pour lors, donnant une diflonance : & c'eft pour cette raifon qu'on a toujours dit, parce qu'on l'a fenti, que trois *tons* de fuite n'étoient pas naturels : après ce dernier *demi-ton* encore, jamais il ne s'en préfentera un autre ; le *ton* prévaudra dans toutes les oreilles pour arriver à la confonance de la *Quinte.*

Tel eft l'empire des confo-nances fur l'oreille , qui n'eft pour lors préoccupée que des de-grés qui les forment , ou qui y conduifent ; ces confonances n'étant d'ailleurs que le produit de la réfonance du Corps fonore: ce qu'il faut bien remarquer, puif-qu'on n'en peut inférer autre cho-fe , finon que le principe démon-tré eft l'organe de toutes ces fa-cultés qu'on vient de reconnoître nous être naturelles.

Il y a plus ; & pour peu qu'on ait d'expérience , on trouve de foi-même la Baſſe fondamentale de tous les repos d'un chant, ſelon l'explication donnée dans notre *nouveau Syſtême*, &c. pag. 54 ; ce qui prouve encore bien l'empire du principe dans tous ſes produits, puiſqu'en ce cas-ci la marche de ces produits rappelle à l'oreille celle du principe qui l'a déterminée , & ſuggérée par conſéquent au Compoſiteur.

Cette derniere expérience, où le ſeul Inſtinct agit, de même que dans les précédentes, prouve bien que la mélodie n'a d'autre principe que l'harmonie rendue par le Corps ſonore : principe dont l'oreille eſt tellement préoccupée, ſans qu'on y penſe , qu'elle ſuffit ſeule pour nous faire trouver ſur le champ le fond d'harmonie dont cette mélodie dépend : ce qui arrive non-ſeulement à l'Auteur qui l'a imaginée , mais encore à toute perſonne d'une médiocre expérience : auſſi trouve-t'on quantité de Muſiciens capables d'accompagner d'oreille un chant qu'ils entendent pour la première fois.

Quel eſt d'ailleurs le moteur de ces beaux préludes, de ces caprices heureux , auſſi-tôt exécutés qu'imaginés , principalement ſur l'Orgue ? Envain les doigts y ſeroient exercés ſur tous les chants poſſibles , & en état d'obéir dans le moment à l'imagination guidée par l'oreille, si le guide de celle-ci n'étoit pas des plus simples.

Ce guide de l'oreille, n'est autre, en effet, que l'harmonie d'un premier Corps sonore, dont elle n'est pas plutôt frappée, qu'elle préssent tout ce qui peut suivre cette harmonie, & y ramener : & ce tout consiste simplement dans la *Quinte* pour les moins expérimentés, & dans la *Tierce* encore lorsque l'expérience a fait de plus grands progrès. (*d*)

(*d*) Voyez la démonstration du principe de l'Harmonie sur la formation du *Mode*, pag. 33, sur celle du *Mineur*, pag. 62, & sur le rapport des *Modes*, pag. 42. On laisse à part l'*Enharmonique*, parce qu'on peut se passer, absolument parlant, de ce genre, quoiqu'il ait ses beautés. Il y a très-peu de tems qu'il est en

Mais n'allons pas si loin, &
remarquons toujours que pour
peu d'expérience qu'on ait, on ne
manque jamais de suivre d'abord
l'ordre du *Mode* annoncé par la
premiere harmonie, & que le
premier nouveau *Mode* où l'on
passe ensuite, est généralement
celui de cette même *Quinte* dont
nous recevons le sentiment du
ton en montant, & celui du *demi-
ton* en descendant, selon ce qui
en a déja été dit : *Quinte* sur laquelle est fondée toute la mélodie qu'on peut tirer avec justesse
des Instrumens naturels, tels que
la Trompette & le Cor-de-Chasse,

usage, & souvent sans beaucoup plaire, tant il
est rare de pouvoir l'employer heureusement.

& qu'on a donnée aux Tymbales pour fervir de Baſſe à cette mélodie : (*e*) & de quelle Baſſe encore? de *Baſſe fondamentale*, ſans qu'on en ait eu le deſſein, puiſqu'elle n'eſt connue que de nos jours.

Ces Inſtrumens naturels ſont eux-mêmes des Corps ſonores, qui n'ont de juſte, dans toute leur étendue, que ce qui appartient à leur harmonie, & à celle de leur *Quinte* : de ſorte qu'en confirmant l'Inſtinct qui nous porte généralement du côté de cette *Quinte* ou de ſon harmonie, cet Inſtinct confirme, à ſon tour, le principe qui le guide.

(*e*) La *Quarte*, que forment entre elles les deux caiſſes, eſt une *Quinte* renverſée.

Une pareille conduite de notre part, conduite purement machinale, devroit bien faire ouvrir
les yeux sur le principe qui en eft
le feul & unique moteur : & les
perfonnes qui cultivent d'autres
Sciences devroient bien éxaminer
auffi la conduite qu'elles y tien-
nent : elles y reconnoîtroient,
fans doute, ce même principe,
du moins dans les proportions fur
lefquelles elles fondent prefque
toutes leurs opérations. Aimeroit-
on mieux les devoir au hazard, ces
proportions, plutôt qu'à un phé-
nomène où la Nature les a toutes
englobées, avec des circonftances qui peuvent bien s'étendre fur
d'autres objets que fur la Mufique?

Au lieu de consulter la Nature
sur la Musique, l'esprit Philoso-
phique s'y est tourné dès les premiers tems, du côté de la Géométrie, pour suivre en cela Pytagore, sans éxaminer auparavant si
cet Auteur étoit bien ou mal fondé : on le fait parler, on le fait
agir, comme on croit qu'il a pû le
faire : on imagine avec lui, ou
après lui, des hypothèses pour faire
quadrer les rapports qu'il a donnés aux Sons, avec les différens
ordres que l'expérience suggére :
chacun dit ce qu'il en pense ; &
tous s'y trompent également.

Quel est le Philosophe, quel
est l'homme, qui avec un peu de
sens commun, ne reconnoîtra pas
devoir

devoir à la Nature, à son pur Instinct, ce sentiment agréable qu'il
éprouve en entendant certains
rapports de Sons ? Et quel est celui qui pour lors ne profitera pas
des moyens qu'il pourra découvrir
dans cette Mere des Sciences &
des Arts, pour opérer en consé-
quence ? Mais point du tout ; on
veut que Pytagore, après avoir
reconnu l'*Octave* composée de
deux intervalles inégaux, qui sont
la *Quinte* & la *Quarte*, dont le *Ton
majeur* fait la différence, ait de sa
propre autorité ajouté ce *ton* à lui-
même, pour en former la *Tierce
majeure* : cela est-il conséquent,
& peut-on supposer une pareille

B

erreur à un ſi grand Homme ? Quoi! il trouve dans la Nature un intervalle compoſé de deux iné-gaux , & l'on veut que de lui-même il en ait compoſé un autre de deux égaux ? On s'eſt certaine-ment trompé ſur ſon compte , en ce cas & dans tous les tems. Il eſt bien plus probable que cet Auteur fertile en progreſſions , comme on en peut juger par ce qui nous reſte de lui, ayant re-connu le rapport de la *Quinte* ou double *Quinte* dite 12ᵉ, entre 1 & 3 , aura formé une progreſſion triple de ce premier rapport, & l'aura pouſſée juſqu'à ſa douziéme puiſſance , comme le confirment tous les intervalles donnés pour être de son syſtême, (*f*) & nommément son *coma* formé de la comparaiſon de l'unité avec cette douziéme puiſſance : *coma* dont la ſource a été ignorée de tout tems, même des ſectateurs de Pytagore, puiſqu'on n'en a jamais parlé que ſous le titre de *Coma de Pytagore*, ſans autre explication.

Dès qu'on ne conſultera pas l'oreille, on ſera toujours ſéduit par le produit d'une progreſſion triple, où ſe trouvent tous les intervalles néceſſaires en Muſique, à l'exception de l'*Enharmonique*,

(*f*) On peut confronter le ſyſtême de Pytagore avec la progreſſion triple de ma Démonſtration, Exemple A ; tout y eſt abſolument conforme.

dont l'ufage n'a été connu que de nos jours, quoique les Anciens en ayent parlé, mais fort confufément: or il y a tout lieu de croire que Pytagore n'a pas plus confulté l'oreille fur les intervalles donnés par fa progreffion, que tous les Auteurs qui ont adopté fon fyftême, puifqu'il n'y a de jufte dans cette progreffion que le *Ton majeur* & les *Quintes*, dont fe forment des *Quartes* par renverfement, tout le refte y étant faux, fans qu'il s'y trouve de *Tons mineurs :* & de-là vient que la *Tierce majeure* y eft compofée de deux *Tons majeurs.* (g)

(g) On doit juger par cet expofé que l'autorité de Pytagore, non plus que celle de tous les Anciens, ne peut guères avoir de poids en Mufique.

L'oreille, en Musique , n'obéit qu'à la Nature , elle ne tient nul compte de la mesure ni du compas, le seul Instinct la conduit. Nos Modernes ont donc eû tort de conclure , sur la fausseté du système de Pytagore , que les Anciens ne pratiquoient pas l'harmonie : nous avons, nous-même , donné dans cette erreur par trop de confiance en ceux qui nous avoient prévenus sur cet article ; & sans les chimères qu'on débite chaque jour sur la Musique, une réflèxion si juste & si simple nous auroit peut-être encore échappé. L'oreille, en Musique, n'obéit qu'à la Nature, nous le répétons encore, & tous les faux systêmes qu'on a débités jufqu'à ce jour, les faux rapports qui fe trouvent, même, dans le fyftême parfait, (*h*) n'ont pas empêché nos Muficiens de chanter jufte, & de porter leur Art à un très-haut degré de perfection.

Ce fyftême de Pytagore, malgré toutes fes imperfections, n'a pas laiffé que de fubfifter pendant un affez grand nombre de fiécles, & cela jufqu'à Ptolémée, fi je ne me trompe, qui a enfin découvert le *Ton mineur*, pour en former une *Tierce majeure* jufte avec le *Majeur*.

Zarlino part de-là, imagine en conféquence une divifion harmo-

(*h*) Démonftration, &c. pag. 54. jufqu'à 59.

nique, à l'aide de laquelle il trouve les justes rapports du systême parfait ; (*i*) mais bientôt après il s'égare : il ne sçait pas d'où vient que dans ce systême il se rencontre des consonances sous de faux rapports, (*k*) nous croyons même qu'il évite d'en parler ; ce qui a été cause que plusieurs, après lui, ont crû devoir changer l'ordre des *Tons*, sans prendre garde que le défaut qu'ils vouloient éviter revenoit ailleurs.

Tous les Musiciens, tant en pratique qu'en théorie n'ont fait

(*i*) Il ne s'agit ici que des systêmes Diatoniques qui présfident seuls dans toute la Musique en général.

(*k*) Démonstration, &c. pag. 54. jusqu'à 59.

B iiij

que copier cet Auteur jufqu'à
ces derniers jours.

Avant les fyftêmes dont on
vient de parler, il y en avoit un
primitif, appellé *Tétracorde*, parce qu'il n'étoit compofé que de
quatre cordes ou fons, dans cet
ordre, *fi ut ré mi*, ce n'étoit, à proprement parler, qu'un demi-fyftê-
me, puifqu'il falloit l'ajoûter à
lui-même, pour en former un
complet; mais auffi, par cette
raifon-là même, il étoit fuffifant,
& l'idée en étoit très-heureufe.

Sans nous mettre en peine de
l'Auteur de ce *Tétracorde*, voyons
ce qui a pû l'y conduire, & com-
mençons par éxaminer de quels
rapports de Sons a pû être frappé

d'abord, le premier homme qui y a été fenfible.

Pour qu'un rapport de Sons puiffe attirer l'attention , la premiere fois qu'on en eft frappé , il faut du moins qu'il foit agréable, finon il en eft de celui-là, comme de tout autre , dans le difcours , où l'on n'y eft fenfible qu'autant qu'il donne plus de force & plus d'énergie à ce qu'on veut peindre ; mais quant aux Sons en particulier, jamais ils ne diftrairont des idées dont on eft préoccupé, s'il n'en réfulte une fenfation affez agréable pour engager à y fixer l'attention. Il s'agit ici d'un fentiment involontaire, que le hazard produit, & qui ne peut être dû qu'à ce hazard la premiere fois qu'on l'éprouve.

Nous laissons à juger, à présent que le moteur de toutes nos sensations en Musique est connu, laquelle des deux, de la confonance ou de la diffonance, est capable de nous prévenir en faveur de son rapport; attendu, ce qu'il faut bien remarquer, que tous les rapports de Sons, dans le difcours, ne font pas fimplement diffonans, ils y font même inappréciables à l'oreille.

Les degrés du *Tétracorde* font tous diffonans dans leur ordre fucceffif de l'un à l'autre, de forte qu'en entendant de fuite *fi ut*, *ut ré*, ou *ré mi*, cela n'a rien d'affez agréable pour nous fixer : de les entendre enfemble, ce feroit encore pire : au lieu qu'en entendant enfemble, ou de fuite, *ut mi*, & fur-tout *ut fol*, on n'en peut être que très-agréablement affecté.

Ce ne peut donc être que par le fentiment de la confonance, que le rapport des Sons a pû attirer l'attention pour la premiere fois; d'autant plus que le principe qui nous meut, ne fait entendre que des confonances, & cette raifon feule pouvoit fuffire, fans en alléguer d'autres.

Si cela eft, & l'on n'en peut guères douter, il faut que l'Auteur du *Tétracorde* en queftion, ait été frappé du rapport de quelques

confonances , avant que d'imaginer ceux dont il a compofé ce
Tétracorde ; mais bien plus, jamais
l'Inftinct ne fe prêtera au *demi-ton*,
pour premier degré d'un ordre
diatonique en montant : chacun
peut en faire l'épreuve , & ce
n'eft point à l'habitude qu'il faut
imputer le contraire, c'eft à l'impreffion feule d'un premier Son
donné, qu'il faut s'en rapporter :
l'habitude ne commande point à
l'Inftinct : c'eft au contraire fur
l'Inftinct que fe forme l'habitude:
auffi tout homme fans expérience,
comme avec de l'expérience ,
commencera toujours un ordre
diatonique en montant, par le *ton*
d'*ut* à *ré*;& s'il continue de monter,

il chantera de lui-même ce *Tétracorde*, *ut ré mi fa*, conféquemment
à toutes nos remarques précédentes qu'on peut relire, fuppofé
qu'on les ait oubliées.

Si donc le *Tétracorde* des Anciens n'a pû être infpiré dans
l'ordre où il fe trouve, & fi la
connoiffance de quelques anté-
cédens a été néceffaire pour arriver à cet ordre, il y a tout lieu
de préfumer que fon Auteur l'a
tiré du même principe fur lequel
nous l'avons établi. (*l*)

Mais pourquoi cet Auteur,
dira-t-on, n'auroit-il expofé que
le produit, fans en déclarer le
principe? On pourroit dire de

(*l*) *Démonftration*. &c. p. 46. Exemple B.

même : pourquoi Pytagore n'a-t-il exposé que les rapports des Sons, sans déclarer la source où il les a puisés ? Le myſtère régnoit aſſez volontiers parmi les Anciens, & ceux-là pouvoient avoir leurs vues. Quoi qu'il en ſoit, on ſera toujours ſurpris, que parmi tant de grands Hommes qui ont écrit ſur la Muſique, aucun n'ait porté ſes réflèxions juſques-là, pas même depuis que le phénoméne en queſtion eſt connu.

Le Mathématicien s'excuſera peut-être ſur ce qu'il étoit privé du ſecours de l'oreille, pour pouvoir tirer quelques avantages d'un pareil phénoméne : il ne peut diſconvenir du moins, qu'il n'y ait

dû reconnoître le germe des proportions & progreffions , dont
l'objet ne peut lui être indifférent.

Quand le P. Pardies , dit , à
l'occafion de la progreffion Harmonique , où la proportion fe
trouve confondue : *Tout ce que l'on
a dit jufqu'à préfent de cette progreffion, n'eft pas de grand ufage ; & je
ne veux pas m'engager à dire ici des
chofes extraordinaires,* il faut apparemment qu'on en eût déja dit
des chofes qui lui euffent paru
extraordinaires ; mais bien fou-
vent elles ne nous paroiffent tel-
les que parce que nous ne les
concevons pas ; & quant à l'ufage de la proportion harmonique

d'où naît sa progression, il peut se faire qu'on ne l'ait pas encore bien examinée.

Il s'agit d'un Corps sonore, lequel n'est pas plutôt mis en mouvement, qu'il se divise dans toutes ses parties aliquotes; (*m*) il en fait même résonner les plus grandes; sçavoir, son tiers $\frac{1}{3}$ qui est sa 12ᵉ, ou double *Quinte*, & son cinquiéme $\frac{1}{5}$ qui est sa 17ᵉ *majeure*, ou triple *Tierce majeure*; (*n*) de sorte que ce Son qui paroît unique, est cependant triple de sa nature, & doit si bien l'être, pour

(*m*) Les parties aliquotes sont le demi $\frac{1}{2}$, le tiers $\frac{1}{3}$, le quart $\frac{1}{4}$, le cinquiéme $\frac{1}{5}$, &c. on les appelle aussi *sou-multiples*.

(*n*) Ce double & ce triple naissent des Octaves qui se rencontrent entre deux Sons comparés ensemble.

que

que l'oreille puisse l'apprécier,
que si le corps est assez grand pour
que son $\frac{1}{7}$ y résonne aussi fortement que son $\frac{1}{3}$ & son $\frac{1}{5}$, dès lors
ce n'est plus qu'un Son confus &
inappréciable : il en est de même
lorsque le corps est si petit que son
$\frac{1}{3}$ ne puisse plus résonner : ainsi le
trop grand corps qui donne un
Son trop grave, & le trop petit
qui en donne un trop aigu, paf-
sent également la portée de l'organe ; (*o*) mais ce qui confirme bien davantage encore la réu-
nion de ces trois Sons en un seul,
c'est cette expérience proposée
dans notre Génération Harmoni-

(*o*) Génération Harmonique, pag. 16.

C

que, (*p*) où l'on voit que les Sons du $\frac{1}{3}$ & du $\frac{1}{5}$ conftituent tellement celui du corps total, que quelques foient les diffonances qui fe rencontrent entre les harmoniques (*q*) de différens Sons fondamentaux, entendus enfemble; on ne diftingue que ces feuls fondamentaux, comme s'ils y étoient feuls & uniques : ce qui doit paroître d'autant plus *extraordinaire*, c'eft le terme du P. Pardies, que l'expérience fe fait avec des tuyaux, dont la réfonance eft

(*p*) *Ibidem*, pag. 13.

(*q*) On appelle *Harmoniques* les Sons qui compofent l'harmonie du Corps fonore, fçavoir, fa *Quinte* dite 12ᵉ. $\frac{1}{3}$, & fa *Tierce majeure* dite 17ᵉ majeure $\frac{1}{5}$. Et l'on appelle *Fondamental* le Son de la totalité de ce même Corps fonore.

bien plus forte que celle des parties aliquotes rélativement au fondamental.

Le Corps sonore ne se borne pas à la génération de ses *sou-multiples*, il engendre encore un pareil nombre de ses *multiples* (r) en même rapport avec lui à l'inverse, en les faisant frémir, d'où naît la proportion arithmétique 1. 3. 5. étant à remarquer qu'au-delà du quintuple, les corps donnent déja des Sons trop graves, & que celui qui les met en mouvement, n'a plus assez de

(r) Si les soumultiples sont des parties aliquotes, les multiples sont au contraire des parties aliquantes, c'est-à-dire, qu'ils sont formés de corps plus grands que celui qui les met en mouvement.

C ij

puiſſance pour en rendre le frémiſſement ſenſible à l'œil. En un
mot, il en eſt de ces *multiples* comme des *ſoumultiples*, ce qu'on peut
voir d'un côté, & entendre de
l'autre au-delà du quintuple & du
cinquiéme, ſe perd à la vue comme à l'oreille, il n'y a plus rien
de diſtinct ni d'appréciable.

Non-ſeulement les multiples
frémiſſent, mais ils ſe diviſent encore dans tous les uniſſons du
corps qui les met en mouvement;
ce qui ne leur arrive qu'à la faveur de la proportion dans laquelle ils ſe trouvent : donc cette
proportion y donne la loi, & doit
néceſſairement concourir à quelque choſe de nouveau.

S'ils se divisent, ces multiples, ce n'est que pour se réunir tous dans le sein de celui qui les appelle à son secours en les faisant frémir, & pour indiquer par-là qu'ils se reposent entierement sur lui de tout le fruit qu'on peut tirer de la proportion par le moyen de laquelle il les rappelle à la mémoire. Voyez l'article du *Mode mineur* dans la Démonstration, &c. pag. 62.

Ces deux proportions, l'harmonique & l'arithmétique, forment chacune une espece de groupe harmonique, auquel on ajoute autant d'*Octaves* que l'on veut, & qui, à la faveur de cette addition, peut se combiner de toutes

les façons possibles. Il en suit
d'ailleurs deux progressions, l'une
descendante, où le générateur se
divise en une infinité de parties
sans cesser d'exister en entier;
l'autre ascendante où le générateur se multiplie à l'infini : (f)
de sorte qu'en ne formant qu'une
seule progression des deux, on
n'y trouve ni commencement
ni fin.

Au reste toutes les proportions se
manifestent dans le Corps sonore
au premier moment qu'il réson-

(f) La progression descendante, où le corps
se divise, est au contraire ascendante en Mu-
sique-Pratique, parce qu'on y passe toujours
du grave à l'aigu : & par la même raison, l'ascendante où le corps se multiplie, est descendante, parce qu'on y passe toujours de l'aigu
au grave.

ne, on y entend l'Harmonique, on y sous-entend la Géométrique dans les *Octaves* 1. 2. 4, & l'on y voit celle de l'Arithmétique dans le frémissement des multiples.

L'Harmonie est donnée par la résonance du Corps sonore, & s'il ne manque plus que d'en trouver la succession, nous voyons qu'elle se présente tout naturellement dans les progressions qui se forment d'elles-mêmes entre les soumultiples d'un côté, & les multiples de l'autre, où il ne s'agit seulement que de regarder comme Corps sonores tous les Sons que nous choisirons pour cet effet : ce qui ne peut s'entendre autrement.

C iiij

On choisit donc, pour cet effet, le premier Son qui se présente après celui de la totalité du Corps sonore, & qui se trouve être justement sa *Quinte*, laissant à part son *Octave* qui ne fait que le représenter : & de la succession alternative de ces deux Corps sonores, naît entre leurs Sons harmoniques, ce même *Tétracorde* des Grecs, *si ut ré mi*, dont nous cherchions, il n'y a qu'un moment, où ces Grecs pouvoient en avoir trouvé la source, (*t*) & dont l'ordre se présente presque entierement dans la nécessité où l'Instinct nous met de monter d'un *ton*, & de descendre d'un *demi-ton* après

(*t*) Pag. 29.

un premier Son donné : (*u*) & fi
l'on y fait bien réflèxion, l'on verra
que ce ne peut être qu'à la faveur
de cette fucceffion alternative de
deux Corps fonores à la *Quinte*
l'un de l'autre, que naît en nous
le fentiment de cette différence
entre les degrés que nous par-
courons.

Remarquons de nouveau que
le premier Son de ce Tétracorde
eft harmonique de la *Quinte*, &
que toute *Quinte* ne peut être fug-
gérée que par fon générateur ;
donc il n'eft pas en nous de pouvoir l'imaginer, cette *Quinte*, fans
être frappés auparavant de ce qui
la produit.

(*u*) Pag. 6. & 7.

Dès que ce Tétracorde eſt donné, on ſent que le même ordre peut être continué toujours en montant, & pour obtenir du principe ce que demande en ce cas l'oreille, il ſuffit de ſe rappeller que ce principe s'eſt également procuré une *Quinte* au deſſous, comme au deſſus, l'une par le frémiſſement de ſes multiples, l'autre par la réſonance de ſes ſou-multiples : de ſorte qu'en formant un nouveau Corps ſonore de cette *Quinte* au deſſous, (*x*) on aura un nouveau Tétracorde pareil au premier, mais dans d'autres degrés de la voix, ſous les noms de *mi*

(*x*) On rend compte dans la ſuite de la néceſſité de cette réſonance.

fa sol la , ce qui donne tous les moindres degrés naturels conte- nus dans l'étendue de l'*Octave* du premier générateur appellé *ut ,* ainsi *si ut ré mi fa sol la.*

On ne sçauroit trop réflèchir fur ces dernieres remarques, où il ne s'agit que de mettre dans tout leur jour les conféquences que fournit le principe dans l'ordre de fes produits, pour en tirer des lumiéres convaincantes fur tout ce que nous avons avancé jufqu'à préfent.

Si l'on voit d'abord dans la ré- fonance des Corps fonores, d'où nous vient le fentiment naturel de l'Harmonie, on verra de mê- me par les Sons communs à l'Har-

monie des différens Sons fondamentaux qui se succedent immédiatement, d'où nous vient celui
de sa succession, appellée *Mélodie*
dans chaque partie en particulier:
en voici l'explication.

Quand *ut* résonne, sa *Quinte sol*
résonne avec lui : donc ce *sol* nous
est présent en entendant *ut* , &
dans le moment que l'oreille s'y
fixe , son Harmonie s'y trouve
naturellement sous-entendue : de
sorte que tout nous invite pour
lors de passer d'*ut* à *sol*, ou à l'un
de ses Sons harmoniques : le re-
tour de ce *sol* à *ut* est tout simple ;
donc nous pressentons la *Quinte*
au dessous comme au dessus : d'où
il suit qu'en entendant *ut* , nous

pouvons également preſſentir le *fa* dont il eſt *Quinte* : il y a de chaque côté un Son commun, qui eſt la *Quinte* au deſſus ou au deſſous ; & c'eſt par de pareils reſſorts que l'oreille eſt guidée d'un Son à l'autre.

Le preſſentiment d'un Son fondamendal entraînant celui de ſon Harmonie, il en ſuit naturellement en nous la liberté du choix entre tous les Sons harmoniques qui ſe ſuccedent pour lors ; & c'eſt de ce choix dicté par le bon goût que ſe forme la plus agréable Mélodie.

Comme ce n'eſt qu'à la faveur de la proportion Arithmétique, formée par la totalité des mul-

tiples, que ces multiples frémis-
sent & se divisent, cette totalité
doit au moins être supposée : &
si de la même proportion naît
une Harmonie presque aussi agréable, pour ne pas dire, aussi
agréable que celle de la proportion harmonique, non seulement
la totalité doit y être supposée,
mais encore sa résonance doit
être sous-entenduë.

Ne voit-on pas, d'ailleurs, que
le principe n'appelle ses multiples
à son secours que pour se frayer
une route de ce côté-là, de même qu'il se la fraye du côté de ses
sou-multiples. Lui interdirons-
nous cette route de notre propre
autorité, lorsque de tous côtés il

fe place au centre, d'où il ne peut partir qu'en paſſant d'un côté ou de l'autre.

E X E M P L E.

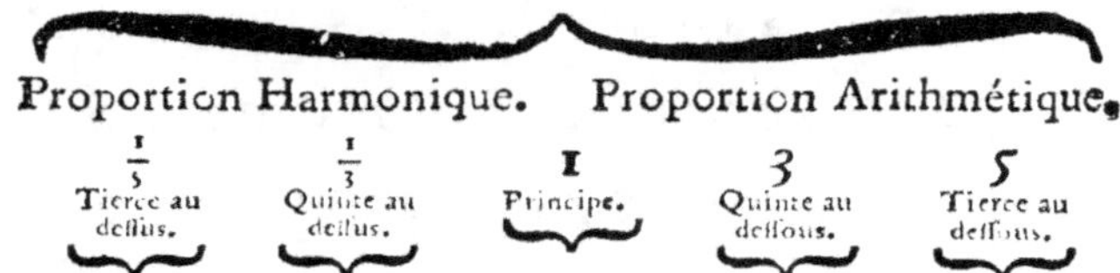

Ce qui fe reconnoît dans cet éxemple eſt une fuite des deux générations, où l'on voit encore qu'elles ne peuvent fe communiquer fans l'entremiſe du principe qui s'y tient au centre. (*y*) Il fait plus, ce principe, & pour fixer leur fucceſſion dans des bornes proportionnées à celles de nos fens, il y prend à part fes deux

(*y*) Demonſtration, &c. pag. 46. juſqu'à 50.

Quintes, avec lesquelles il forme cette proportion, triple, $\frac{1}{3}$ 1. 3, ou 1. 3. 9. en nombres entiers, proportion, dite, Géométrique, d'où naît l'ordre le plus parfait & le plus agréable en même tems entre les Sons, celui qu'on appelle *Diatonique*, connu sous le titre de *Game*, & dont se compose ce que nous appellons *Mode*. (z)

(z) Le principe est sensé le générateur de tout *Mode*, on l'appelle *Tonique* en terme de l'Art, *Dominante* sa *Quinte* au dessus, & *Soudominante* sa *Quinte* au dessous ; ces trois Sons portent toujours le titre de *fondamental* par tout où il s'agit de la Basse, sinon ce ne sont plus que des *Octaves*, des *Quintes*, &c.

La *Dominante* & la *Soudominante* annoncent tous les repos de Chant qui se terminent sur la *Tonique*, repos qu'on appelle *Cadences*, c'est-à-dire, Chûtes : la premiere annonce la *Cadence parfaite* en descendant de *Quinte*, & l'autre la

Cette

Cette proportion eſt la baſe preſque générale de toute la Muſique : car chacun des Sons n'y pouvant plus paroître que comme Corps ſonore, ou fondamental , il s'enſuit que chacun d'eux peut avoir ſur ſes *Quintes* le même droit que s'y eſt acquis le premier Corps ſonore, principe & générateur : de ſorte que la même proportion ſubſiſtant entre ces nouveaux Corps ſonores & leurs

Cadence imparfaite ou *irréguliére* en montant de *Quinte* : toute autre *Cadence* ſuppoſe la *parfaite* , qui peut être *Rompuë* , ou *Interrompuë.*

Il faut bien ſe reſſouvenir des termes de *Dominante* & de *Soudominante* , de leur ſituation rélativement à la *Tonique* , & de leur uſage ; parce que tout ce qu'il y a d'intéreſſant dans la ſuite de ces Obſervations ne roule preſque que ſur ces mêmes termes.

D

Quintes, il en naîtra des *Modes* pareils au premier : ce qui, cependant, ne paſſe pas les bornes données ; c'eſt-à-dire, que le droit du générateur ne paſſe pas au-delà de ſes deux *Quintes* dans tout ce qui doit ſe rapporter à lui, & conſéquemment dans tout ce qui peut nous plaire relativement à la premiére impreſſion reçue de ce générateur, impreſſion ſur laquelle ſeule l'oreille ſe guide ; ce qui conſtitue trois *Modes* pareils, appellés *Majeurs*, auxquels s'en joignent trois autres appellés *Mineurs*, où les *Quintes* s'approprient encore le droit, que s'acquiert le générateur, de former un nouveau

Mode de ce genre dans ſes multiples. (*a*)

Ce nouveau *Mode* prend le titre
du genre de la *Tierce mineure* que le
principe y forme, pour s'y con-
ſerver le droit qu'il s'eſt acquis
juſques-là, d'ordonner des différens effets qui réſultent de l'Harmonie, & de ſa ſucceſſion ; car
toute la différence entre le *Mode
majeur*, qu'il a d'abord engendré,
& celui-ci, ne conſiſte que dans
la *Tierce*.

Pour que ce principe forme la
Tierce mineure, il eſt forcé de ſe
choiſir un ſon fondamental qu'il
charge de toute la conduite du

(*a*) Article du *Mode mineur* dans la Démonſtration, &c. p. 62.

D ij

nouveau *Mode*, fondé néanmoins
fur le *majeur* qu'il a d'abord engendré ; ce qui lie ces deux
Modes d'un rapport très-intime :
& de-là fuit une fucceffion fondamentale par *Tierces*. (*b*)

Toutes ces découvertes conduifent à des Obfervations d'autant plus néceffaires que la fuite
roule abfolument là-deffus.

S'il s'agiffoit ici de comparai-
fons , n'attribueroit-on pas naturellement à la joye cette foule de
defcendans qu'offrent les fou-
multiples , dont la réfonance
indique l'exiftence ? C'eft-là juftement auffi que prennent leur
fource la *Tierce majeure* , le *Mode*

(*b*) Démonftration , &c. pag. 79 & 81.

majeur, le *Diéze*, le Chant dont la force redouble en montant, & la *Dominante*, *Quinte* au deſſus. Et par une raiſon toute oppoſée, n'attribueroit-on pas aux regrets, aux pleurs, &c. ces multiples dont le morne ſilence n'eſt réveillé que par des diviſions à l'uniſſon du Corps qui les fait frémir, pour marquer que c'eſt à lui de les repréſenter? Eh bien, c'eſt de ce côté-ci, pour lors, que prennent leur ſource la *Tierce mineure*, le *Mode mineur*, le *Bémol*, le chant qui s'amolit en deſcendant, la *Soudominante Quinte* au deſſous, & qui plus eſt, le *Chromatique* & l'*Enharmonique* dont il fera bientôt queſtion.

D iij

On n'y a peut-être pas encore bien pensé, & cependant on donne tous les jours dans ce sens, lorsqu'on cite le *Diéze*, ou le *Béquare* en signe de force, de joye, lorsqu'on éleve la voix dans les mêmes cas, dans la colere, &c. & lorsqu'on cite le *Bémol* en signe de molesse, de foiblesse, &c. lors enfin qu'on rabaisse la voix dans les mêmes cas. Chacun s'apperçoit encore à peu-près de ces différences, pour peu d'expérience qu'on ait en Musique, lorsque le *Mode majeur*, & le *Mode mineur* se succédent sur une même *Tonique*.

Mais pour juger par soi-même du sentiment que ces deux différens côtés, celui de la *Dominante*

& celui de la *Soudominante*, peuvent inspirer, nous avons jetté les yeux sur une Parenthèse de Lulli, qui nous a conduit à des Observations dont les Compositeurs, même, pourront tirer quelques fruits.

Lorsqu'Armide dit : *le Vainqueur de Renaud....* & que par réflèxion elle ajoûte : *Si quelqu'un le peut être !* la Musique semble lui faire prononcer cette réflèxion avec une espèce d'humiliation, de mortification, comme si dans le moment la crainte de ne pouvoir triompher de ce Héros lui venoit à l'esprit, conséquemment aux neuf premiers Vers de son début, dont les deux derniers sont :

Non je ne puis manquer, sans un dépit extrême,
La conquête d'un cœur si superbe & si grand.

En effet, une pareille conquête est une grande victoire pour une Coquette : de sorte qu'Armide peut fort bien se comprendre dans le nombre, en se disant en elle-même : *Puis-je me flater, moi-même, d'en être le Vainqueur ?* Tel est sans doute le sens qui a guidé Lulli ; car si l'on vouloit qu'Armide n'eût prétendu qu'exalter simplement la gloire de son Héros, sans se rappeller en même tems la crainte de n'en pouvoir triompher, Lulli n'auroit pas manqué de nous le faire sentir par un autre fonds d'Harmonie. Voyez l'Exemple A. *(c)*

(c) Les termes de Tonique, Dominante, & Soudominante ne s'employent que pour la Basse ;

Exemple A.

Coté de la fous Dominante
en defcendant : Celui de Lulli.

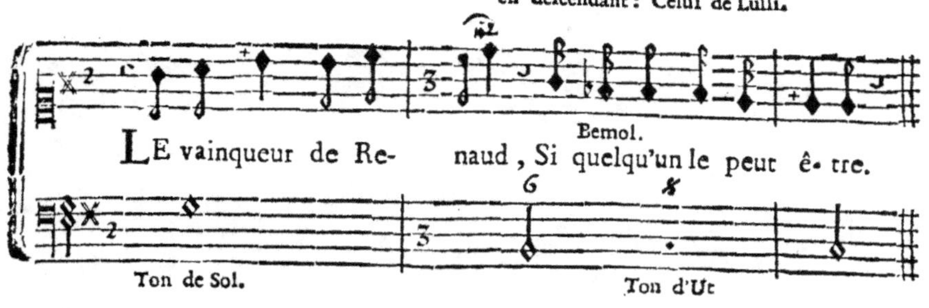

Idem en montant.

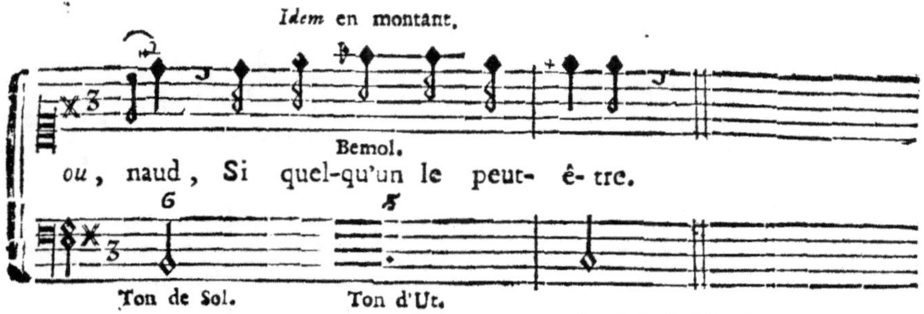

Coté de la Dominante
en defcendant.

Idem en montant.

Il faut d'abord chanter cette Mufique dans le mouvement qu'exi-
gent les paroles , fans les y joindre , & fans s'y occuper d'aucun
autre fentiment que de celui que la
Mélodie peut y faire naître d'elle-
même , en y remarquant le côté
pour lequel on fe fentira plus de
penchant à la moleffe où à la fierté : & pour lors , toute prévention à part, le nouveau *Bémol* qui
fe trouve du côté de la foudominante , foit en defcendant , foit
en montant, fera incliner naturellement pour la moleffe : au lieu
que le nouveau *Diéze* , donné par
le fonds d'Harmonie du côté de

on dit Tierce , Quarte , Quinte , &c. quand il
s'agit de comparer les parties entr'elles.

la Dominante, obligera d'animer le Chant, & le rendra fufceptible de toute la fierté dont on voudra l'accompagner.

Dès qu'on veut éprouver l'effet d'un Chant, il faut toujours le foutenir de toute l'Harmonie dont il dérive; c'eft dans cette Harmonie même que réfide la caufe de l'effet, nullement dans la Mélodie, qui n'en eft que le produit : vérité qui va fe reconnoître dans un moment au fujet du *Chromatique* : il faut, de plus, chanter ce qui le précéde, ce Chant, parce que c'eft l'impreffion reçue du *Mode* par lequel on débute, qui occafionne le fentiment qu'on éprouve du *Mode* qui le fuit.

Trois moyens concourent pour lors à la différence des expref-fions, le côté de Lulli defcend, paffe à la foudominante, & à un nouveau *Bémol*, & tient à l'idée que j'y ai fuppofée : l'autre au contraire monte, paffe à la Domi-nante & à un nouveau *Diéze* dans le fonds d'Harmonie : *Diéze* qui eft expreffément noté au deffus de la Baffe. Il eft vrai qu'on monte & defcend de chaque côté ; mais on en va trouver la raifon dans le moment.

Deux de ces moyens n'en font qu'un, fçavoir, la *Dominante* avec le *Diéze* d'un côté, & la *Soudo-minante* avec le *Bémol* de l'autre : ce font d'ailleurs les feuls dont

dépende la principale expreffion en fait de fentimens & de
paffions : l'autre moyen, fçavoir,
la différence du haut & du bas,
n'y eft qu'acceffoire, il la fortifie
feulement, cette expreffion, mais
il n'y peut rien par lui-même ;
pour preuve de cela; c'eft que le
côté de la *Soudominante* produira
un effet prefque égal, foit en montant, foit en defcendant, de même que celui de la *Dominante* : on
fentira toujours, d'un côté, cette
efpèce d'humiliation que nous y
avons fuppofée, & de l'autre cette
fierté qu'on peut y défirer : qui
plus eft, le côté de la *Dominante* en defcendant tient toujours
de la fierté, & ne donne aucun

fentiment de moleffe comme celui de la *Soudominante* en montant,
où le nouveau *Bémol* oblige de
ramolir le Chant malgré qu'on
en ait; à moins qu'on ne veuille
s'y donner la torture pour en tirer
une expreffion contraire au fentiment que ce *Bémol* fait naître,
comme cela arrive quelquefois
à des perfonnes, qui prévenues
en faveur d'une certaine expreffion, veulent la faire quadrer, à
quelque prix que ce foit, avec
un Chant qui y eft tout oppofé :
& c'eft à quoi il faut bien prendre garde.

Souvent on croit tenir de la
Mufique, ce qui n'eft dû qu'aux
Paroles, ou à l'expreffion qu'on

veut leur prêter, on tâche de s'y foumettre par des inflèxions forcées, & ce n'eft pas-là le moyen d'en pouvoir juger : il faut, au contraire, fe laiffer entraîner par le fentiment qu'elle infpire, cette Mufique, fans y penfer, fans penfer en un mot, & pour lors ce fentiment deviendra l'organe de notre jugement. Quant à la raifon, elle eft à préfent entre les mains de tout le monde, nous venons de la tirer du propre fein de la Nature; (d) nous avons prouvé, même, que l'Inftinct nous la rappelle à tout moment, & dans nos actions, & dans nos difcours. Or, dès que la raifon & le fenti-

(d) Pages 52. 53. & 54.

ment feront d'accord, il n'y aura plus moyen d'en appeller.

La Modulation, fixée d'abord dans les deux *Quintes* (e) du générateur, ne fe borne pas-là : & pour en étendre les limites, ce générateur s'eft encore réfervé fes deux *Tierces majeures*, dont il forme, avec lui, une proportion quintuple, dans cet ordre pris en nombres entiers, 1. 5. 25, où 5. le répréfente au centre, place qu'il occupe de tous côtés : de forte que des produits de fon Harmonie & de celle de l'un des extrêmes, n'importe lequel, 1 ou 25, naît le *demi-ton*

(e) Il y a *Quinte* & *Tierce* au deffous comme au deffus.

mineur, dit *Chromatique* : & des produits de l'Harmonie de ces deux extrêmes 1. 25, naît un *quart de ton*, dit *Enharmonique*, abfolument inappréciable. Ce qui confirme bien la fupériorité de la *Quinte*, felon nos premieres remarques, puifqu'elle eft l'unique fource du vrai naturel, du vrai beau, de ce qui peut feul nous fournir une Mufique fuffifamment agréable : nous en appellons, pour la preuve, aux Operas de Lulli, (*f*) & même à la Mufique Ita-

(*f*) Il n'y a point de *Chromatique* en defcendant dans Lulli, fi je ne me trompe, il n'y en a qu'en montant, & généralement d'une *Tierce mineure* à la *majeure*, ce qui approche beaucoup du Diatonique, parce que la même *Tonique* y fubfifte toujours, & y devient Son commun pour ces deux *Tierces*.

lienne

CE super- be vain- queur. Le charme du fo-
Ce guidon marque la Baffe fondamentale.
Dieze de Lulli.
meil Le livre à ma ven- geance, Je vais per-
Ce guidon marque
la Baffe fondamentale.
cer fon in-vin- cible cœur.

Chant de triomphe.

Les notes de Baffe, qui
ne font point de Lulli ,
ne changent rien au fond.

lienne de son tems , qui n'étoit guères plus variée que la sienne : & pour en juger avec équité , il faut se transporter dans ces tems-là. Au reste , comme on ne peut jamais interrompre l'ordre Diatonique que par un seul intervalle *Chromatique* ou *Enharmonique* , qui sert pour lors au passage d'un *Mode* à un autre , dont le rapport est plus ou moins éloigné , & comme ce passage est généralement pratiquable à la faveur du Diatonique , excepté celui qui dépend de l'Enharmonique , qui n'a encore eû lieu dans les Opéras François , que dans un Monologue de Dardanus ; on en doit nécessairement conclure que

E

quelque avantage qu’on puiſſe tirer de ces derniers intervalles , toute Muſique peut plaire ſans leur ſecours : & cette réflèxion doit toujours être préſente à l’eſprit pour ne pas s’en laiſſer impoſer par de grands mots qui ne ſignifient rien.

Ne dit-on pas tous les jours , les uns pour blâmer, les autres pour louer : c’eſt une Muſique *Chromatique* ; quoique ſouvent il n’y en ſoit du tout point queſtion: d’un autre côté , on ne ſoupçonne pas ce *Chromatique* dans une Muſique où il abonde , parce qu’on ne ſe l’eſt encore repréſenté que dans l’intervalle , lorſque cet intervalle n’eſt que l’accident cauſé par les produits d'une succession fondamentale, d'où naît le sentiment qu'on en éprouve : éxaminez, pour cet effet, le Rondeau du Monologue *Tristes apprêts*, &c. dans l'Opera de Castor & Pollux : le sentiment d'une douleur morne, & du lugubre qui y règnent, tient tout du *Chromatique* fourni par la succession fondamentale, pendant qu'il ne se trouve pas un seul intervalle de ce genre dans toutes les parties : (*g*) sentiment qui n'est pas le même dans le Chœur d'auparavant, où les

(g) Le sentiment qu'on éprouve du Chromatique, qui n'existe point formellement dans ce Monologue, prouve la nécessité qu'il y a de joindre à la Mélodie tout le fonds d'Harmonie dont elle dépend, selon la remarque de la page 58, pour pouvoir juger de son plein effet.

E ij

intervalles *Chromatiques*, qui abondent en defcendant, peignent pour lors des pleurs & des gémiffemens caufés par de vifs regrets.

Nous citons ce *Chromatique*, principalement pour faire connoître, que fi le fentiment qu’on en éprouve tient toujours de la trifteffe, quelquefois de la moleffe, de la tendreffe, c’eft qu’il prend fa fource auffi-bien que l’*Enharmonique* dans le *Mode mineur*, (h) côté des multiples comme nous l’avons déja annoncé : nouveau furcroît de preuves en faveur de la réfonance de la totalité des Corps, d’où naît la proportion Arithmétique, fur la-

(h) Démonftration, &c. pag. 28. & 92.

quelle ce *Mode* eſt fondé, & d'où naiſſent auſſi la *Tierce mineure*, la *Soudominante* & les *Bémols*, ce qu'on ne ſçauroit trop répéter : mais nous gagnerons peut-être plus par des éxemples que par des raiſons, & cela va juſtement nous fournir l'occaſion de rendre à Lulli la juſtice qui lui eſt duë, & qu'on a voulu lui ravir par une Critique d'autant plus mal fondée, qu'elle eſt généralement contradictoire aux Principes que l'Auteur, lui-même, avoit poſés dans l'Encylopédie : voyons donc de quoi il s'agit :

Enfin il eſt en ma puiſſance. (i)

(i) Page 81. de la Lettre ſur la Muſique Françoiſe de M. Rouſſeau.

E iij

Voilà un Tril & qui pis est, un re-
pos absolu dès le premier Vers.

Le Tril (*k*) fait beauté dans notre Musique, sur-tout dans le cas
présent, où il ajoûte de la force
au mot *puissance*, sur lequel porte
tout le sens du Vers : & si plusieurs en abusent , c'est à tort
qu'on s'en prend à la chose.

Armide s'applaudit ici d'avoir
Renaud en sa puissance, & pour
y exprimer son triomphe, rien
n'est mieux imaginé que le *Tril*
qu'elle y employe : *Tril* justement
semblable à celui des Trompet-
tes dans les Chants de Victoire.
Exemple B.

(*k*) *Tril*, ce terme convient mieux que celui
de *Cadence* dont nous nous servons impropre-
ment en pareil cas.

Pour ce qui eſt du *repos abſolu*, il n'y en a pas l'ombre en Muſique ſelon les principes, même, que l'Auteur en a donnés. (*l*)

(*l*) Dans l'Encylopédie, au mot *Cadence*, on trouve preſque par tout le mot *repos* pour celui de *cadence* : & nommément au pénultiéme alinea de la page 514, il y a : *Pour établir un repos parfait*, &c. Or, repos parfait, repos abſolu, cadence parfaite, concluſion finale, après laquelle on ne deſire plus rien, tout cela eſt ſynonyme.

Puis au ſecond alinea on lit : *Ce qu'on appelle Acte de cadence réſulte toujours de deux Sons fondamentaux dont l'un annonce la cadence & l'autre la termine.*

Dans le troiſiéme alinea : *L'accord formé ſur le premier Son d'une cadence,* juſtement celui qui l'annonce, *doit donc toujours être diſſonant.* Il y a donc erreur à la fin du premier alinea, où l'on dit préciſément : *Il s'enſuit que toute l'Harmonie n'eſt proprement qu'une ſuite de cadences,* puiſque la Tonique ne portant jamais de diſſonances, elle ne peut par conſéquent jamais annoncer de *cadences* : auſſi n'y en en a-t'il jamais dans le paſſage d'une *Tonique* à quelque note que ce ſoit : ſinon de *Tonique* qu'elle

E iiij

M. Roußeau ne peut ignorer que tant qu'un Chant roule ſur la même Harmonie , la variété des Sons qu'on y employe ne ſert qu'à l'agrément de la Mélodie , & que quant au fonds cette variété ne repréſente jamais qu'un même Son , comme on le voit dans la Baße de l'Exemple B : or comment a-t'il pû imaginer qu'il y eût repos , bien plus , *repos abſolu* ſur *puiſſance* , lorſque non-ſeulement la même *Tonique* , ſa même Harmonie ſubſiſte dans tout le Vers , mais encore juſqu'à l'hémiſtiche du deuxiéme ? Que de-

étoit elle devient *Dominante* ou *Soudominante* : ce qu'il faut bien remarquer avant que de décider , & cette réflèxion ne ſera pas inutile dans la ſuite.

Exemple D.

Dieze.
LE charme du fo- meil le livre à ma ven-
Dieze de Lulli.
Dieze.

geance. &c.

viennent les principes posés à ce sujet dans l'Encyclopédie ?

Un repos forcé pour reprendre haleine, effectivement forcé pour détacher le premier *ce*, par où finit *puissance*, du *ce* qui commence le Vers suivant, comme tout Comédien y fera également forcé, un repos de cette nature, dis-je, peut-il être taxé de ce nom en Musique, & *qui pis est*, de *repos absolu* ? Le *Tril* a-t'il ce caractère par lui-même, lorsqu'au contraire il n'est généralement employé que pour annoncer le repos. Une pareille contradiction avec des préceptes donnés est-elle pardonnable ?

Ce fatal Ennemi, ce superbe Vainqueur.

Un Auteur, qui me fait la grace d'adopter mes Principes, n'ignore pas fans doute l'intime rapport déja cité entre le *Mode majeur* & le *mineur*, il n'ignore pas, non plus, que celui-ci doit fon origine au premier, qu'il en dépend, & que s'il a la molesse en partage, l'autre au contraire est mâle, vigoureux. (*m*) Si cela est, pourquoi faire un reproche à Lulli, en disant : *Je pardonnerois volontiers*, &c. sur ce qu'il y a de plus admirable dans la conduite des deux premiers Vers? Eviter tout repos dès le début jufqu'à la fin du deuxiéme

(*m*) On peut voir aux pages 54. & 55. de la Lettre, &c. que l'Auteur reconnoît ces fortes de différences, & doit juger par conféquent de l'ufage qu'on en peut faire pour contrafter.

vers, pour y faire fentir la liaifon du fens, puifque la même *Tonique* fubfifte jufqu'à l'hémiftiche du deuxiéme, où elle paffe à une autre *Tonique*, voilà déja beaucoup; mais employer d'abord le *Mode mineur*, pour que fa moleffe oppofée à la vigueur du *Majeur* y ajoûte un nouvel aiguillon, & la redouble, pour ainfi dire, dans le moment que ce *Majeur* va terminer un repos abfolu, fur ces mots, *ce fuperbe Vainqueur*, voilà le grand coup de Maître : car enfin ce n'eft que fur ces derniers mots que porte tout le dépit d'Armide, ce n'eft point *ce fatal Ennemi* qui l'occupe, non plus que fes captifs délivrés, comme elle le dit enfuite pour s'exciter à une action que fon cœur dément, ce n'eft que le mépris de Renaud pour fes charmes qui bleffe fon orgueil.

Qu'on y faffe réflèxion, après s'être bien mis au fait du fonds de l'Art, & l'on verra de quoi le feul Inftinct eft capable; car Lulli, conduit par le fentiment, & par le goût, n'avoit aucune connoiffance de ce fonds, inconnu de fon tems.

En voyant ce que peut le feul Inftinct, on voit en même tems la fimplicité du principe qui le guide : deux *Toniques* dont l'une eft foumife aux loix que l'autre lui impofe, voilà tout ce qui eft employé pour rendre une exprefsion dans la plus grande perfection qu'on puisse désirer.

Au reste, on doit toujours se méfier de son jugement, lorsque ignorant les Principes, on veut le séparer des impressions qu'on a reçues, ou qu'on reçoit. Livrons-nous au pur sentiment, écoutons sans y penser, & nous verrons que le *Tril* en question ne frappe que comme un simple repos de suspension, où s'exprime le triomphe dont Armide prétend jouir : nous sentirons de même la force d'expression qui tombe sur ces mots, *ce superbe Vainqueur*, sans sçavoir qu'elle naît de l'Art avec lequel la modulation y est observée ; mais qu'importe :

ſi nous ſommes véritablement ſen-
ſibles, & ſi nous ne jugeons que
d'après le ſentiment, nous juge-
rons toujours bien.

Le charme du ſommeil le livre à ma vengeance.

Un homme de goût & de ſentiment peut-il ſe méprendre, quand
la raiſon l'éclaire, ſur le grand art
qu'il y a d'adoucir une premiere
expreſſion pour porter toute la
force ſur la principale par l'oppo-
ſition du contraſte. (*n*) *Le charme
du ſommeil* ne conclut rien encore,
& c'eſt ſur, *le livre à ma vengeance,*
que le tout doit porter. Voyez
l'Exemple C.

Lulli penſoit en Grand, & certainement ne s'eſt point endormi

(*n*) Voyez la note précédente.

fur ce dernier Vers : il le commence d'abord dans le Mode de
la *Soudominante* qu'annonce le *Diéze*
cité par l'Auteur de la Critique ,
puis enjambant fur la *Tonique* , il
paſſe à ſa *Dominante* où la force ſe redouble, (*o*) pour exprimer, *le livre
à ma vengeance* , il porte la voix
dans le bas , pour que s'élevant
enſuite avec rapidité, elle faſſe
ſentir toute la fureur à laquelle
Armide s'efforce de ſe livrer , en
diſant , *je vais percer* , &c. Il y a
plus, c'eſt que la *Dominante* , choi-
ſie pour le repos qui précéde ce

(*o*) Souvenons-nous que le côté de la *Domi-*
nante , celui de la *Quinte* en montant, eſt juſtement le côté de la force : de ſorte que plus il y a
de *Quintes* en montant , plus la force redouble :
même raiſon à l'inverſe pour le doux , côté de la
Soudominante.

dernier Vers , fait fouhaiter un nouveau repos fur la *Tonique* qui doit la fuivre : de forte qu'on fent par-là qu'Armide a encore quelque chofe à dire , lorfque cependant le fens qui finit avec le Vers n'en donne aucun foupçon. L'adreffe du Muficien fera-t'elle comptée pour rien en ce cas ? & peut-on la paffer fous filence pour l'attaquer auffi mal à propos qu'on le fait ?

Contrafte d'un côté entre la *Soudominante* & la *Dominante* , & de l'autre entre le bas & le haut , le tout obfervé dans la régularité qu'exige l'expreffion.

On auroit pû fe difpenfer de citer , pour preuve de ce qu'on
avance

avance, un *Diéze* qui n'a de vertu que par fa Baffe fondamentale : on en peut aifément juger en lui fubftituant cette Baffe, l'effet de la Mélodie n'en changera pas pour cela : il y a plus, & ce mê-me *Diéze* peut porter un Chant qui n'aura pas l'air d'un *Somme*. Exemple D.

Il faut toujours chanter ce qui précéde une Mélodie dont on veut éprouver l'effet, comme on l'a déja remarqué : au refte fi Lulli a fuivi dans fa Mélodie une autre route que celle qui fe trouve ici fous fon même *Diéze*, & qui n'a pû manquer de fe préfenter à fon oreille, car elle fe préfente tout naturellement avec ce *Diéze*, c'eft

que ceux qu'on y voit à **D**, dé-
truifent tout le contrafte , fans
lequel il a bien fenti qu'il ne pouvoit donner aux deux expreffions,
qui viennent enfuite , toute la
force qu'elles demandent, & cela
par degrés.

Je vais percer fon invincible cœur.

Si toute *l'impétuofité du mouvement*
tombe fur, *Je vais percer fon invincible* , peut-on mieux la rendre
qu'en montant par gradation &
avec rapidité jufqu'au moment où
Armide doit avoir jetté tout fon
feu, pour la terminer par un *Tril*
qui déplaît à notre Auteur, il eft
vrai ; paffons-lui cette foibleffe ,
fans lui paffer cependant que ce

Tril se fasse sur une syllabe brève. (*p*)

Remarquons au reste que Lulli a plus fait ici que dans une simple déclamation, où la voix se rabaisseroit naturellement au mot *Son* ; au lieu que dans la Musique elle monte jusqu'à *invin*.... étant forcée,

(*p*) C'est bien ignorer & bien peu sentir notre Prosodie, que d'y taxer de *brève* la derniere syllabe masculine d'un mot, lorsqu'il n'y en pas une qui n'y soit *longue*. Il ne faut pas s'étonner, après cela, des conséquences qu'on en tire pour notre Récitatif : on a quelquefois ses raisons : le goût, le sentiment, & l'oreille ne sont pas de trop pour y réussir, & l'on n'est pas toujours également favorisé de ces dons. Il est vrai qu'ils sont presque inutiles dans le Récitatif Italien, où l'Art a beaucoup plus de part que la Nature : plus on y heurte désagréablement l'oreille par du Chromatique & de l'Enharmonique, mieux on croit y réussir, telle est la manie de l'Ecole Italienne, il n'est du tout point fait pour l'oreille : aussi ne voit-on pas que les Italiens même, se plaisent beaucoup à l'entendre.

par le goût du Chant qui doit fi-
nir sur la *Tonique*, de descendre
ensuite sur le *Tril*.

> Par lui tous mes Captifs sont sortis d'esclavage :
> Qu'il éprouve toute ma rage.

Exiger des accompagnemens
d'Orchestre lorsqu'on peut s'en
passer, n'est-ce pas là une chica-
ne déplacée ? Le Comédien a-t'il
besoin qu'on peigne ses sentimens
intérieurs, & le Chanteur a-t'il
besoin d'autre chose que d'un silence en ce cas ? Il ne s'agit point
ici de ce qu'on auroit pû faire de
mieux, pourvû que ce qui s'y
trouve soit bien.

Si l'on veut lire le premier
alinea de la pag. 84. de la Lettre
en question, on y reconnoîtra

l'afcendant de la paffion fur la raifon , puifque toute la Critique
y eft contradictoire aux propres
principes que l'Auteur a pofés lui-
même. Exemple E.

Au fecond alinea du mot *Cadence* , déja cité dans une Note ,
on lit : *Ce qu'on appelle acte de Cadence réfulte de deux Sons fondamentaux dont l'un annonce la Cadence &
l'autre la termine ;* puis au troifiéme
alinea : *L'accord formé fur le premier
Son d'une Cadence doit toujours être
diffonant.* Ce premier Son de la
Cadence eft celui qui l'annonce ,
ce ne peut donc être une *Tonique,*
puifqu'elle ne porte jamais de
Diffonance. Or quoique la note
qui a terminé le Vers précédent

foit la même que celle qui commence le fuivant, comme on le dit, l'oreille & le jugement en décident bien différemment que les yeux ; puifque , de *Tonique* qu'elle étoit, elle devient *Dominante* du repos, ou de la Cadence qui fe termine à la fin du Vers,

Par lui tous mes Captifs font fortis d'efclavage : ce repos doit être annoncé, il ne peut l'être que par la note qui précéde celle qui le termine ; cette note qui annonce, doit porter une Diffonance felon l'Auteur même ; ce n'eft donc pas la *Tonique* d'auparavant : il eft vrai que la Baffe n'y eft point chiffrée. (*q*) Mais les yeux fuffifent-

(*q*) Voyez le troifiéme alinea de *Cadence* dans

ils en Musique ? Il y faut des oreilles , & sur-tout un jugement im-
partial , où la raison ne se laisse
point aveugler. Bientôt on verra
cette *Tonique* devenir *Dominante* ,
dès qu'on croira pouvoir s'en au-
toriser.

Tirer avantage des notes qu'on
cite pour être du même Accord,
parce que ce sont effectivement
les mêmes notes , pendant que
l'Accord y change , garder le silence sur celles qui sont réelle-
ment du même Accord au Vers,
Enfin il est en ma puissance , pour en
conclure un *repos absolu* sur *puissance* , contre les Principes qu'on a

l'Encyclopédie , sur la Dissonance exprimée ou
sous-entenduë.

F iiij

donnés à ce fujet , s’applaudir de fon erreur même à l’égard de ce *repos*, & paffer fous filence celui qui eft fi fenfible au mot *efclavage*, puifque le Chant s’y termine fur une *note* appellée *fenfible*, en termes de l’Art , filence apparemment affecté pour pouvoir dire que l’accord de la *Tonique* d’auparavant eft le même que celui de la *Dominante* en laquelle elle fe transforme d’un Vers à l’autre : s’attacher jufqu’à un zéro, c’eft-à-dire, une brève, à laquelle on ne doit avoir aucun égard dans le cas préfent , lui donner du poids pour autorifer ce qu’on avance contre toute vérité ; que peut-on penfer d’une telle Critique ?

cible   cœur.   Par   lui   tous   mes   ca-
Dominante de la suivante.

Note sensible de Re.
ptifs sont for- tis d'esclavage ,   Qu'il é-
Dominante tonique de Re ,
sur laquelle il y a repos.

prouve toute   ma   ra-ge...
Ton de Re.

Dès qu'un Accord eſt revêtu de quelques nouveaux Sons, exprimés, ou ſous-entendus, (*r*) l'effet en change totalement ; mais on n'a eû garde de s'expliquer ſur le deuxieme Vers : *Qu'il éprouve*, &c. On n'avoit pas deſſein de louer, & il auroit fallu y rappeller la *Dominante* de la *Dominante Tonique*, qui fait ſi heureuſement deſirer une concluſion à laquelle on peut ne pas s'attendre, puiſque le ſens eſt fini au premier Vers : *Par lui*, &c. ſur cette *Dominante Tonique* ; la critique auroit échoué par-là.

Quel trouble me ſaiſit ? qui me fait héſiter ?

(*r*) Voyez la Note précédente ſur la Diſſonance exprimée ou ſous-entendue.

Diffimuler ici la nature des repos, leurs différens *Modes*, pour
dire hardiment que tout eft dans
*le même ton, prefque dans le même ac-
cord que le précédent*, cela ne peut
guères s'excufer dans un Muficien, du moins Théoricien, qui
travaille pour l'Encyclopédie.Le
Mode change à chaque phrafe, &
le mot *prefque*, qui laiffe de l'é-
quivoque, qui n'annonce pas la
bonne foi, & qui peut féduire toute perfonne peu verfée dans l'Art,
n'a nulle valeur en ce cas-ci : tout
ou rien. *La Tonique, il eft vrai, devient Dominante,* &c. c'eft comme
fi l'on difoit, le jour, il eft vrai,
devient nuit ; car effectivement
le *Mode* s'y change en un autre du

Exemple F.

toute ma ra- ge... Quel trouble me fai- fit.
6 6
Ton de Re. Ton de Sol.

Qui me fait hé-fi- ter! Qu'eft ce qu'en fa fa- veur la pi-
Ton d'Ut. Ton de la.

tié me veut dire? Frapons... Ciel! qui peut m'arrefter?
6
5
Ton de Mi. Ton de Sol. Repos fur la
dominante de Sol.

côté de la *Soudominante* , juftement celui que demande la réflèxion ; mais à qui parle-t-on ? Sans doute que l'on compte fur le peu de connoiffance du Lecteur. Le *ton* change donc en cet endroit : Exemple F. De *ré* il paffe en *fol* pour le premier hémiftiche, puis en *ut* pour le deuxiéme , comme le prouve la Note *la* qui le fuit , & dont le *ton* termine le premier hémiftiche de l'autre Vers : *Qu'eft-ce qu'en fa faveur* , &c. Cette Note devenant, incontinent après, Soudominante de *mi* , qui termine à fon tour le même Vers : fi bien que le *Mode mineur* de *mi* , celui qui règne dans tout le Monologue , celui qui feul y préoccupe,

& qu'on vient de faire défirer plus fortement que jamais par tous les différens *Tons* ou *Modes* qui l'ont fuivi depuis le quatriéme Vers, fçavoir, ceux de *ré*, de *fol*, d'*ut*, & de *la*, fi bien, dis-je, que ce même *Mode* de *mi* tant défiré s'annonce, revient, & va tout d'un coup frapper fur fa *Tonique* en y montant de *Quarte*, juftement pour exprimer le mot décifif, *Frappons*.

La Tonique, il eft vrai, devient Dominante. Eh ! n'eft-ce rien que cela ? Faut-il rappeller ce qu'on vient de remarquer fur le même fujet ? Y a-t-il d'autres Sons fondamentaux dans l'Harmonie que des *Toniques*, des *Dominantes*, &

des *Soudominantes. Eh Dieux !* dit-
on, *il est bien question de Toniqne,* &c.
& de quoi donc, s'il n'y a que cela ? Ne dit-on pas, au mot *Cadence*, quoiqu'en se trompant : *Il s'en-
suit que toute l'Harmonie n'est proprement qu'une suite de Cadences.* Voyons
à présent dans le même alinea de
quoi se composent les Cadences,
& jugeons. Nous ne croyons pas
qu'on puisse, dans un pareil jugement, s'aveugler autant que celui
qui nous parle : *Ce Vers est dans le
même ton , presque dans le même accord que le précédent :* peut-on prononcer contre toute vérité avec
tant de hardiesse ?

*La Tonique , il est vrai , devient
Dominante ,* nous le répétons en-

core. Eh ! pourquoi n'avoir pas fait la même obſervation entre le Vers *par lui tous mes captifs*, &c. & celui qui le précéde, ſeroit-ce effectivement le chiffre qui ſe trouve ici, ſeroit-ce la *note ſenſible* qui n'a point lieu de l'autre côté, l'auroit-on fait exprès ? On en penſera ce qu'on voudra, mais un homme éclairé n'a pas beſoin de pareils ſignes pour ſe déterminer.

Qu'eſt-ce qu'en ſa faveur la pitié me veut dire ?
Frappons.

Le repos ſuſpendu au premier Vers dans le milieu de la voix, lui laiſſe aſſez d'eſpace pour monter d'une *Quarte* ſur *Frappons*, puis d'une *Tierce* encore au-deſſus ſur l'exclamation, *Ciel* ! l'un donnant la *Tonique* comme une chose décidée, *Frappons* ; l'autre montant jusqu'à la *Tierce* de cette *Tonique* pour marquer la surprise où l'on est de se voir tout-à-coup arrêté. Ici le changement de *Mode* ne convient nullement, parce que la surprise y est si subite, que le premier Son qui s'y présente en élevant la voix, est le véritable & le plus convenable à l'exclamation, & ce premier Son est justement la *Tierce*, selon l'ordre du principe & de l'instinct, & conséquemment à l'étendue qui reste à la voix. Ainsi cette décision de l'Auteur critique, *car sa note décide si peu la déclamation*, paroît bien

avoir été prononcée fans réflèxion.

Si l'on obfervoit encore la nature des *Modes* employés dans les
Vers précédens , pour y tenir
toujours l'Auditeur en fufpens jufqu'au moment où le grand coup
doit porter : & fi l'on confidéroit
comment , avec cela, le haut &
le bas font ménagés, on admire-
roit au lieu de blâmer.

Ciel ! qui peut m'arrêter !
Achevons...je frémis ! vengeons-nous...je foupire!

Qui croiroit , dit M. Rouffeau ,
que le Muficien a laiffé toute cette agi-
tation dans le même ton , &c. Qui
croiroit qu'après une affirmation
auffi abfolue on eût pû fe tromper? Non-feulement toute cette
agitation

agitation n'est pas dans le même *Ton*, mais il y change par du Chromatique sous-entendu (*f*) à chaque demi-hémistiche.

Après le *Ton* de *mi*, *qui peut m'arrêter* passe à la Dominante tonique de *sol*, où cette Dominante monte sur le mot *achevons* : ce *sol* devient ensuite Dominante tonique de sa Soudominante *ut*, où il passe pour exprimer en descendant *je frémis* : de-là vient la Dominante tonique de *ré*, sur lequel *ré* le Chant monte pour exprimer *achevons* : puis ce *ré*, deve-

(*f*) Souvenons-nous de la Dissonance exprimée ou sous-entendue, & du Monologue cité à la page 67. où l'on éprouve l'effet du Chromatique, sans qu'il en paroisse le moindre intervalle dans toutes les parties.

G

nant à fon tour Dominante tonique de *fol*, va expirer enfin en
defcendant fur la *Tierce* de ce *fol*
pour terminer toute l'agitation,
avec *je foupire*, fur le même *Ton*
par où elle a commencé.

Autant de Dominantes toniques, autant de nouveaux Diézes
ou Bémols, qui dans le fond
d'Harmonie donnent du Chromatique auffi parfaitement diftri-
bué qu'il eft poffible, comme on
peut le vérifier par l'éxamen ;
mais on dira peut-être qu'on ne
voit aucun de ces Diézes ni Bémols dans le Chant, dans la Baffe,
non plus que dans le Chiffre : auffi
faut-il plus que des yeux pour
juger en pareil cas. Voyez l'E-
xemple G.

On fait fonner ici l'Harmonie avant la Mélodie qui en eft produite , pour qu'elle infpire au Chanteur le fentiment dont il doit être affecté indépendamment des paroles : fentiment qui frappera tout homme fans prévention , qui voudra bien fe livrer aux purs effets de la Nature : d'où l'on fera forcé de conclure, que l'Harmonie eft le principal moteur de ce fentiment, & que fi la Mélodie feule peut l'infpirer , c'eft qu'elle fait fous-entendre , fans qu'on y penfe , le fonds d'Harmonie dont elle dépend.

On ne peut décider que fur la Mufique , le Chiffre de la Baffe à tout moment plein d'erreurs , par une faute de copie, d'impreſſion, ou de l'Auteur même, qui aura paſſé légérement ſur cet article, ne doit y être d'aucun poids. Cependant, à n'en juger que ſur le Chiffre de Lulli, on voit des eſpèces de repos ſuſpendus à chaque demi-hémiſtiche, ils ont lieu ſur différens Sons fondamentaux, & cela ſeul ſuffit pour qu'on n'en puiſſe conclure, que le même ſens convienne à chacun de ces demi-hémiſtiches, ſur-tout après avoir dit, quelques pages auparavant, *Toutes les fois que les rapports ſont différens, l'impreſſion ne ſçauroit être la même*; mais il y a plus. Les paroles ne ſuffiſent point au Chanteur pour le mettre en état

Les nouveaux Bémols &
Diezes marquent visiblement
les changemens de Ton , ou
mode.

(a) Ces chiffres, qui ne font
point à la Baffe de Lulli,
n'éxiftent pas moins dans
le fond d'harmonie.

de bien exprimer le sentiment qu'elles peignent, il faut, en même tems, que la Musique y réponde : pour preuve de cela, qu'on donne à *je frémis* le Chant de *vengeons - nous* d'abord après *achevons* , comme le permet la Modulation : le saisissement, le trouble, que l'Acteur y voudra peindre, paroîtra gauche, forcé : lui-même aura besoin de toute sa présence d'esprit, pour rendre de son mieux ce que la Mélodie, & sur-tout le fonds de l'Harmonie ne lui inspireront point : & malgré tout son art, on y sentira toujours une disparate entre son jeu & la Musique : ce qu'il faut bien remarquer, pour

G iij

ne pas donner dans l'erreur de croire que le jeu de l'Acteur puis-se en impofer en pareil cas : il faudroit être bien borné dans fes connoiffances , & bien peu fen-fible , pour penfer de la forte.

C'eft principalement du fonds d'Harmonie, dont fe tire la Mélo-die appliquée aux paroles, que le Chanteur reçoit l'impreffion du fentiment qu'il doit peindre: ces paroles ne lui fervent, pour ainfi dire , que d'indication : on vient d'en donner la preuve , comme on l'a déja donnée , mais dans des cas plus particuliers encore, foit à la *Parenthèfe* de la page 57. foit aux mots , *Le charme du fommeil* , page 81. Auffi lorfque le Chanteur reconnoît, par les paroles, qu'il doit marquer du trouble à *je frémis*, ſa voix l'exprime comme d'elle-même : & ſans penſer à la cauſe qui le fait agir, ſans la ſoupçonner même, il ſe trouve entraîné à cette expreſſion par le fonds d'Harmonie qui la lui inſpire ; l'Auditeur, de ſon côté, ſe trouve émû : qu'il n'en cherche donc pas la raiſon, puiſqu'il peut s'y tromper, ou du moins qu'il la reconnoiſſe dans le *Bémol* exprimé ou ſous-entendu, qu'améne le fonds d'Harmonie par une eſpèce de Chromatique en deſcendant : qu'il reconnoiſſe pareillement que le ſentiment de fureur qu'il éprouve, en entendant *Ven-*

geons-nous , vient de deux nouveaux *Diézes* , dont l'un forme le Chromatique en montant avec la Soudominante *ut* qui le précede immédiatement , ce même *Diéze* defcendant enfuite à fon *Bémol* pour exprimer *je foupire*.

Il y a là un jeu de Chromatique qui ne paroît point effectivement dans le Chiffre de Lulli , mais qui paroît fi bien être le fondement des différentes expreſſions , qu'il fuffit de les accompagner avec un Clavecin , pour en être abfolument convaincu. Quel que foit le Chiffre , on doit juger , par les différens fentimens qu'éprouvent ici l'Acteur & l'Auditeur , que l'Auteur n'a pû être guidé que

par le fonds d'Harmonie que nous
y prescrivons.

Quel mérite n'y a-t-il pas de
sçavoir si bien cacher l'Art par
l'Art même ? Mettons que ce ne
soit que l'ouvrage du sentiment,
comme il y a toute apparence,
le mérite en est peut-être encore
plus grand, d'avoir sçû si bien
rendre l'impétuosité de tant de
différens mouvemens avec un
fonds d'Harmonie aussi simple
que celui qui y est employé.
Qu'on ne s'y trompe cependant
pas : dans cette simplicité se rencontrent de ces *écarts harmoniques*
qu'on demande : non pas, à la
vérité, de ceux qu'on imagine
peut-être, de ceux dont la dureté

ſe fait toujours ſentir , & qui font la reſſource ordinaire des génies bornés , qui ne peuvent s’échauffer qu’en forçant la Nature , mais de ces *écarts* doux , dont la *liaiſon* , quoiqu’agréable , ne laiſſe pas que de faire ſentir les différens mouvemens qu’ils peignent : on a déja éprouvé ſi ſouvent l’effet de cette Muſique ; on l’éprouvera toujours comme auparavant, tant qu’on s’y laiſſera guider par le ſeul ſentiment , ſans aucune préoccupation étrangere.

Il eſt bon de faire ſouvenir qu’il n’y a dans toute la Muſique , que le Diatonique , le Chromatique , & l’Enharmonique ; que ce dernier genre n’étoit nullement en ufage du tems de Lulli, qu'on ne peut guères l'employer, qu'il n'en réfulte quelques duretés, & qu'il ne l'a été qu'une feule fois dans notre Mufique Théatrale : de forte que refte le Chromatique pour tout *écart* : or fi on ne l'a pas apperçu dans le cas préfent, à qui en eft la faute ? Ce n'eft pas le feul morceau de Mufique où le fonds d'Harmonie comporte du Chromatique, fans qu'il en paroiffe le moindre intervalle dans toutes les parties, & où le fentiment qu'on en éprouve, naiffe directement de ce même fonds d'Harmonie. (*t*)

Il faut plus que des yeux, je

(*t*) Page 67.

l'ai déja dit, pour juger d'un Art où la caufe réfide dans ce qui eft fous-entendu de même que dans ce qui eft exprimé, comme on le laiffe entrevoir au mot *Cadence* dans l'Encyclopédie.

Les Trils font fur-tout un bel effet, &c. Ceci qui eft dit ironiquement, mais fans diftinction, caractérife de plus en plus fon Auteur ; car un Tril bref & battu rapidement fur la fin de *vengeons-nous*, & fufpendu par un feul battement mol fur *je foupire*, ajoute à l'expreffion. Pourquoi mêler encore dans cette ironie la *Cadence parfaite*? Le fens n'eft-il pas fini à *je foupire* ? Encore eft-ce fur la *Tierce*, dont l'effet eft moins abfolu que celui de fa *Tonique.*

Toute perfonne qui voudra juger de la Mufique du dernier Vers,

Achevons...je frémis ! vengeons-nous...je foupire !

par le feul fecours des yeux, n'en jugera certainement pas comme notre Critique, puifqu'elle y verra du moins du haut & du bas : fi elle y joint fon oreille, cette différence la frappera comme appartenant à des repos de différente nature fur différens Sons fondamentaux : & fi elle y joint encore quelques connoiffances de l'Art, elle y reconnoîtra la caufe de ce fentiment, telle que nous venons de la dépeindre ; mais quelques Lecteurs décident ſans rien approfondir, & ſe laiſſent ſéduire par le ſtyle : la choſe eſt bien écrite, vraie ou fauſſe, n'importe, on y ajoute foi. Eh ! que doit-on chercher dans les ouvrages, ſi ce n'eſt l'imagination, le génie, le diſcernement, le jugement, le goût, le ſentiment, l'oreille enfin, s'il s'agit de Muſique : on peut bien s'y amuſer auſſi du caractère de l'Auteur, car on ſe peint volontiers dans ſes écrits ; mais on ne doit s'attacher qu'à la vérité. L'homme ſage craint & néglige des fleurs dont le parfum eſt ſouvent empoiſonné.

Eſt-ce ainſi que je dois me venger aujourd'hui?
Ma colere s'éteint quand j'approche de lui.

Approuver la déclamation (*u*) de ces deux Vers, c'eſt critiquer ſa propre critique, puiſque cette déclamation eſt fondée ſur les mêmes principes que toute celle qui a précédé : le plus d'intervalle qu'on y ſouhaite entre les deux Vers dépend de l'Acteur, & cela eſt dit apparemment ſans réflèxion, comme la plus grande partie de tout l'Ouvrage. Quant à la *Cadence parfaite* qu'on y reproche, c'eſt le tic de l'Auteur, on n'en connoît point d'autre pour terminer un ſens fini.

Plus je le vois, plus ma vengeance eſt vaine.

On reconnoît donc ici la diffé-

(*u*) On approuve effectivement la déclamation muſicale de ces deux Vers.

rence du haut & du bas, du fort & du doux, puifqu'on voudroit que la voix s'élevât fur *vengeance*, & retombât *doucement fur vaine* : mais bientôt on l'oubliera de nouveau, comme on l'a oublié ci-devant, (*x*) pour fe donner le plaifir de dire un bon mot.

Mon bras tremblant fe refufe à ma haine.

Mauvaife Cadence parfaite, dit-on ; mais c'eft à ceux qui ont de l'oreille d'en décider : *d'autant plus qu'elle eft accompagnée d'un Tril*, bonne raifon.

Ah ! quelle cruauté de lui ravir le jour ?
A ce jeune Héros tout cede fur la terre.

(*x*) Cette réflexion auroit fait tomber la critique du Vers *Vengeons-nous*, &c. fi on l'eût faite dans le tems. Quand on ne juge pas par Principes, il faut du moins de la mémoire.

Faites

Faites déclamer le deuxiéme Vers à la suite du premier, & vous verrez (nous parlons à l'Auteur même qui cite ici Mlle Dumesnil) qu'on abaissera la voix après *jour*, pour passer au deuxiéme Vers, qu'ainsi le Musicien n'a pû mieux faire de l'élever à *jour* pour se radoucir en descendant *à ce jeune Héros*, &c. & de quelle maniere encore en passant au *Mode majeur* rélatif à celui de la *Soudominante* du *Mode* que l'on quitte à *jour*, & où l'on éprouve effectivement un radoucissement très-sensible ; mais on n'a eû garde de le citer, ce deuxiéme Vers, il auroit fait échouer la plaisanterie. C'est ici où l'on peut dire

H

avec raiſon, ce que cet Auteur dit à l'occaſion du Vers : *Plus je le vois*, &c. *la voix doit s'élever ſur jour & retomber doucement ſur, à ce jeune Héros*, &c.

La Critique ne roule plus que ſur une Parenthèſe qui ne vaut pas la peine qu'on s'y arrête : celle que nous avons citée prouve aſſez de quoi Lulli étoit capable à cet égard. Le triomphe de M. Rouſſeau ſur cet article ne le mettra pas à l'abri de ſes contradictions, de ſes faux expoſés, non plus que de ſon ſilence ſur les mêmes accidens qu'il annonce, & qu'il ſupprime quand bon lui ſemble, ſelon les avantages qu'il prétend en tirer. Et pour mettre le Lecteur tout d'un coup au fait, en voici une légere récapitulation, avec de nouvelles remarques qui ne feront peut-être pas inutiles.

Erreur, & contradiction en même tems avec lui-même, à l'occafion du *Tril*, (*y*) où l'on dit qu'il y a *repos abfolu*.

Autre contradiction lorfqu'on dit, page 85. de la Lettre : *Eh Dieux ! il eft bien queftion de Tonique*, &c. après avoir annoncé dans l'Encyclopédie, au mot *Cadence*, que le fonds de l'Harmonie ne confifte qu'en cela : de forte que toutes les différentes tournures qu'il eft poffible de donner à la

(*y*) Page 70. de ces Obfervations.

H ij

Mélodie ne peuvent naître que de ce même fonds. (z)

Autre contradiction encore, mais tacite, lorfqu'après avoir repris Lulli fur ce qu'il auroit dû faire monter & defcendre, pag. 88, & lorfqu'après être convenu, pag. 55, que *toutes les fois que les rapports font différens, l'impreffion ne fçauroit être la même*, on veut que le même fens puiffe être rendu par la Mélodie de chaque demi-hémif-tiche, pag. 87, pendant que les rapports y font différens entre les repos, dont les uns font pratiqués

(z) Page 93, étant à remarquer comme on l'a déja dit, que les *Cadences rompuës* & *inter-rompuës* fuppofent toujours des *Cadences par-faites* romp.... ou inter.... & annoncées par conféquent par une *Dominante*.

dans le haut, les autres dans le bas, fur différens Sons fondamentaux : de forte que les deux moyens de variété , qu'on fe fait gloire de connoître , s'y trouvent employés à propos, & en même tems. (*a*)

Par cette façon d'agir on cache au Lecteur le côté de la perfection , pour ne lui montrer que des défauts imaginaires, comme on peut s'en appercevoir à préfent.

Si l'on dit , pag. 82 , *Je pardonnerois peut-être au Muficien d'avoir mis ce fecond Vers dans un autre ton* , &c. C'eft juftement à l'endroit où le nouveau ton met le comble à l'expreffion : (*b*) & fi l'on y

(*a*) Page 98.   (*b*) Page 70.

H iiij

ajoute, *s'il se permettoit un peu plus d'en changer dans les occasions nécessaires* : cela prouve assez le peu de connoissance qu'on a du fonds de l'Art, puisque les *tons* sont variés autant, & le plus à propos qu'il est possible dans tout le Monologue. Un aveugle ne prononceroit pas si hardiment sur ce qu'il ne voit pas, il sçait du moins que d'autres voyent.

Céler d'un côté ce qu'on cite de l'autre, *(c)* porter l'abus jusqu'à des railleries piquantes, où l'on se trompe soi-même, *(d)* cela ne se comprend pas.

En célant, par exemple, les Cadences parfaites évitées sur des

(c) Pages 85. & 90.   (d) Pages 81. & 113.

Dominantes toniques, à la fin du troifiéme , & du cinquiéme Vers ,
Cadences dont on fait mention
dans l'Encyclopédie , on cache ,
par-là, au Lecteur peu inftruit, le
mérite de l'Harmonie , qui fait
défirer ce que n'annoncent point
les paroles , puifque le fens eft
fini à chacun de ces deux Vers ,
lorfqu'il ne l'eft pas, cependant,
dans l'efprit d'Armide ; c'eft de-
là qu'elle conclud : on cache encore le mérite de la Mélodie , où
les cadences font ménagées de
maniére qu'il fe trouve affez d'é-
tenduë à la voix , pour qu'elle
s'éléve avec rapidité jufqu'au mot
qui doit faire fentir toute la

force de l'expreſſion. *(e)*

Pourquoi dire au ſeptiéme Vers, *La Tonique, il eſt vrai, devient Dominante*, &c. & le céler au cinquié-me, lorſque tout y eſt pareil, excepté que l'une devient *Dominante tonique*, & l'autre ſimplement *Dominante?* Pourquoi dire au cinquié-me Vers, page 84, *Il recommence exactement dans le même ton, ſur le même accord*, & au ſeptiéme, *preſque dans le même accord*, lorſque la choſe eſt égale de part & d'autre ? Le *preſque* n'y a aucune valeur, il eſt même abuſif, & contre la bonne foi ; mais ſi c'eſt le même accord, ce n'eſt pas la même note fonda-

(*e*) Pages 79. & 85.

mentale, *la Tonique, il eſt vrai, de-*
vient Dominante, on en convient à
l'égard du ſeptiéme Vers, & cela
pour déguiſer l'erreur dans laquelle on veut faire tomber en
diſant, *ce vers eſt dans le même ton,*
lorſque cependant c'eſt tout le
contraire, car le *ton* y change effectivement. (*f*)

Ce ſont-là des erreurs impar-
donnables ; mais bien plus, citer
un *Diéze* en raillant, p. 83, pour
cauſe d'un effet auquel il n'a de
part que comme ſon harmonique
du fondamental : (*g*) que dis-je,
Diéze au deſſus duquel peut ſe former un Chant qui n'aura du tout

(*f*) Page 90.
(*g*) Page 81.

point l'air d'un *petit Somme*; qu'est-ce que cela signifie?

Quand on dit, pag. 87, *Ces deux Vers seroient bien déclamés, s'il y avoit plus d'intervalle entr'eux*, ce plus d'intervalle dépend non seulement de l'Acteur, mais il est même forcé par le repos qui se termine au premier Vers. Donc ces deux Vers sont bien déclamés selon M. Rousseau même, donc sa Critique tombe par cet acquiescement, puisque les mêmes Principes règnent dans tout le cours de la Scène.

Si la Lettre de cet Auteur fourmille d'une infinité de Sophismes, que nous sommes forcés de passer sous silence, parce que nous pouvons mieux employer notre tems, nous ne sçaurions cependant nous taire sur une contradiction avec soi-même , qui doit surprendre également tout le monde : il s'y agit des Chœurs de Musique.

Dans l'Encyclopédie , au mot *Chœur*, on lit, *Chœur est en Musique un morceau d'Harmonie complette, &c. On cherche dans les Chœurs un bruit agréable & harmonieux qui charme & remplisse l'oreille. Un beau Chœur est le Chef-d'œuvre d'un habile Compositeur. Les François passent pour réussir mieux dans cette partie qu'aucune autre Nation de l'Europe.*

Dans la Lettre , p. 43 , après avoir employé une vaine Rhétorique contre les Fugues, Imitations, & Desseins, qui sont cependant les plus beaux ornemens des Chœurs, on croit que, pour en dégouter, il suffit de dire, *presque personne n'y réussit, à peine le succès peut-il dédommager de la fatigue d'un tel Ouvrage.* Quelle raison ! *Tout cela n'aboutissant qu'à faire du bruit, ainsi que la plûpart de nos Chœurs tant admirés.* Puis à la Note on s'appuye d'un certain *Terradeglias* à qui l'on fait dire, *autrefois j'aimois à faire du bruit, à présent je tâche de faire de la Musique.*

Il y a d'abord ici une transposition d'ordre, & dans la forme, & dans le fonds, qui doit surprendre : il y a à-peu-près un an que la Lettre C est donnée dans l'Encyclopédie , & il y a dix ans ou environ que la conversation avec *Terradeglias* peut être supposée. Il n'y a donc qu'un an que le *bruit* des Chœurs étoit pour M. Rousseau *agréable & harmonieux*, capable de *charmer & de remplir l'oreille* , & s'il y en a dix qu'on lui a fait entendre le contraire , il s'avise aujourd'hui de s'en souvenir : heureuse mémoire !

F I N.

APPROBATION.

J'Ai lû par ordre de Monfeigneur le Chancelier, un Manufcrit intitulé, *Obfervations fur notre Inflinct pour la Mufique*, &c. & j'ai cru que l'impreffion en feroit également honorable & utile à la Mufique Françoife. A Paris le 12. Avril 1754.

TRUBLET.

PRIVILEGE DU ROY.

LOUIS , par la grace de Dieu, Roi de France & de Navarre : A nos amés & féaux Confeillers, les gens tenant nos Cours de Parlement , Maîtres des Requêtes ordinaires de notre Hôtel, Grand-Confeil, Prévôt de Paris, Baillifs , Sénéchaux , leurs Lieutenans civils & autres nos Jufticiers qu'il appartiendra : SALUT. Notre Amé le fieur RAMEAU Nous a fait expofer qu'il défireroit faire imprimer & donner au Public un Ouvrage qui a pour titre : *Obfervations fur notre Inflinct pour la Mufique* , s'il Nous plaifoit lui accorder nos Lettres de Privilége , pour ce néceffaires. A CES CAUSES , voulant favorablement traiter l'Expofant , Nous lui avons permis & permettons par ces Préfentes de faire imprimer ledit Ouvrage , en un ou plufieurs volumes , & autant de fois que bon lui femblera , & de le faire vendre & débiter par tout notre Royaume , pendant le tems de fix années confécutives, à compter du jour de la date des Préfentes. Faifons défenfes à tous Imprimeurs , Libraires & autres perfonnes de quelque qualité & condition qu'elles foient , d'en introduire d'impreffion étrangere dans aucun lieu de notre obéiffance ; à la charge que ces Préfentes feront enrégiftrées tout au long fur le Regiftre de la Communauté des Imprimeurs & Libraires de Paris , dans trois mois de la date d'icelles, que l'impreffion dudit Ouvrage fera faite dans notre Royaume , & non ailleurs , en bon papier & beaux caracteres , conformément à la Feuille imprimée attachée pour modéle fous le contre-fcel des Préfentes ; que l'Impétrant fe conformera en tout aux Réglemens de la Librairie , & notamment à celui du 10. Avril 1725 ; qu'avant

de l'expofer en vente le Manufcrit qui aura fervi de copie
à l'impreffion dudit Ouvrage , fera remis dans le même etat
où l'Approbation y aura été donnée, ès mains de notre très-cher
& féal Chevalier Chancelier de France le Sieur DE LA
MOIGNON, & qu'il fera enfuite remis deux Exemplaires dudit
Livre dans notre Bibliothéque publique , un dans celle de notre
Château du Louvre, un dans celle de notre très-cher & féal
Chevalier, Chancelier de France le Sieur DE LA MOIGNON,
& un dans celle de notre très-cher. & féal Chevalier Garde
des Sceaux de France le Sieur DE MACHAULT, Commandeur
de nos Ordres, le tout à peine de nullité des Préfentes. Du
contenu defquelles vous mandons & enjoignons de faire jouir
ledit Expofant & fes ayant caufe , pleinement & paifible-
ment, fans fouffrir qu'il leur foit fait aucun trouble ou empê-
chement. Voulons qu'à la copie des Préfentes, qui fera imprimée tout au long, au commencement ou à la fin dudit Ouvrage, foi foit ajoutée comme à l'original. Commandons au
premier notre Huiffier ou Sergent, fur ce requis, de faire pour
l'exécution d'icelles tous actes requis & néceffaires , fans de-
mander autre permiffion , & nonobftant clameur de Haro ,
Charte Normande & Lettres à ce contraires. CAR tel eft notre
plaifir. DONNE' à Paris le vingt-feptieme jour du mois de Mai ,
l'an de grace mil fept cens cinquante-quatre , & de notre regne
la trente-neuvieme.

PERRIN.

Régiftré fur le Regiftre XIII. de la Chambre Royale &
Syndicale des Libraires & Imprimeurs de Paris , N°. 357.
fol. 284. conformément au Reglement de 1723. qui fait
défenfes art. 4. à toutes perfonnes de quelque qualité
qu'elles foient , autres que les Libraires & Imprimeurs ,
de vendre , débiter & faire afficher aucuns Livres pour
les vendre en leurs noms , foit qu'ils s'en difent les Au-
teurs ou autrement ; & à la charge de fournir à ladite
Chambre Royale & Syndicale des Libraires & Imprimeurs
les exemplaires preferits par l'art. 108. du même Régle-
ment. A Paris, le 31. Mai 1754.

Signé, DIDOT , *Syndic.*